労働の思想史

哲学者は働くことをどう考えてきたのか

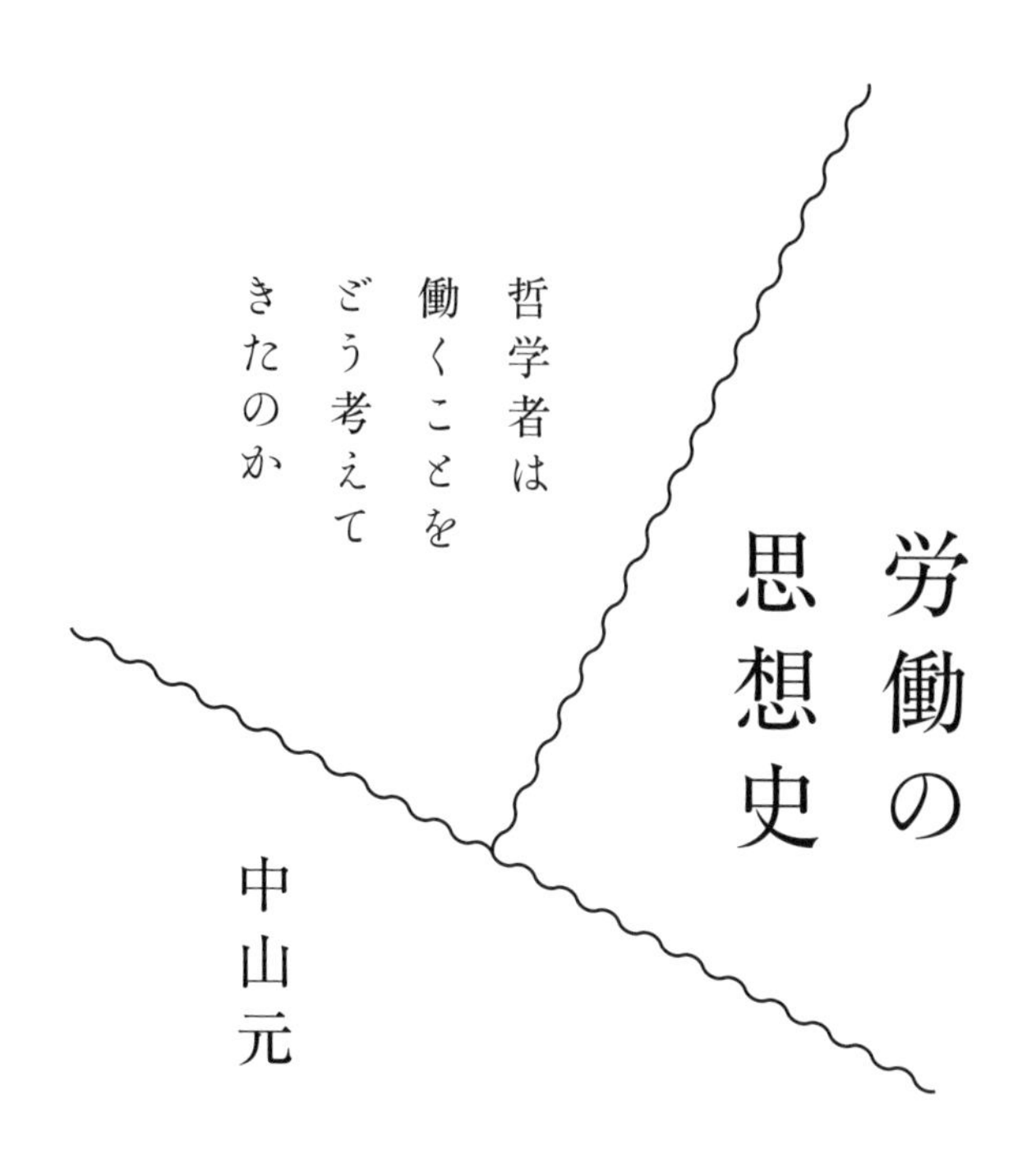

中山元

平凡社

目次

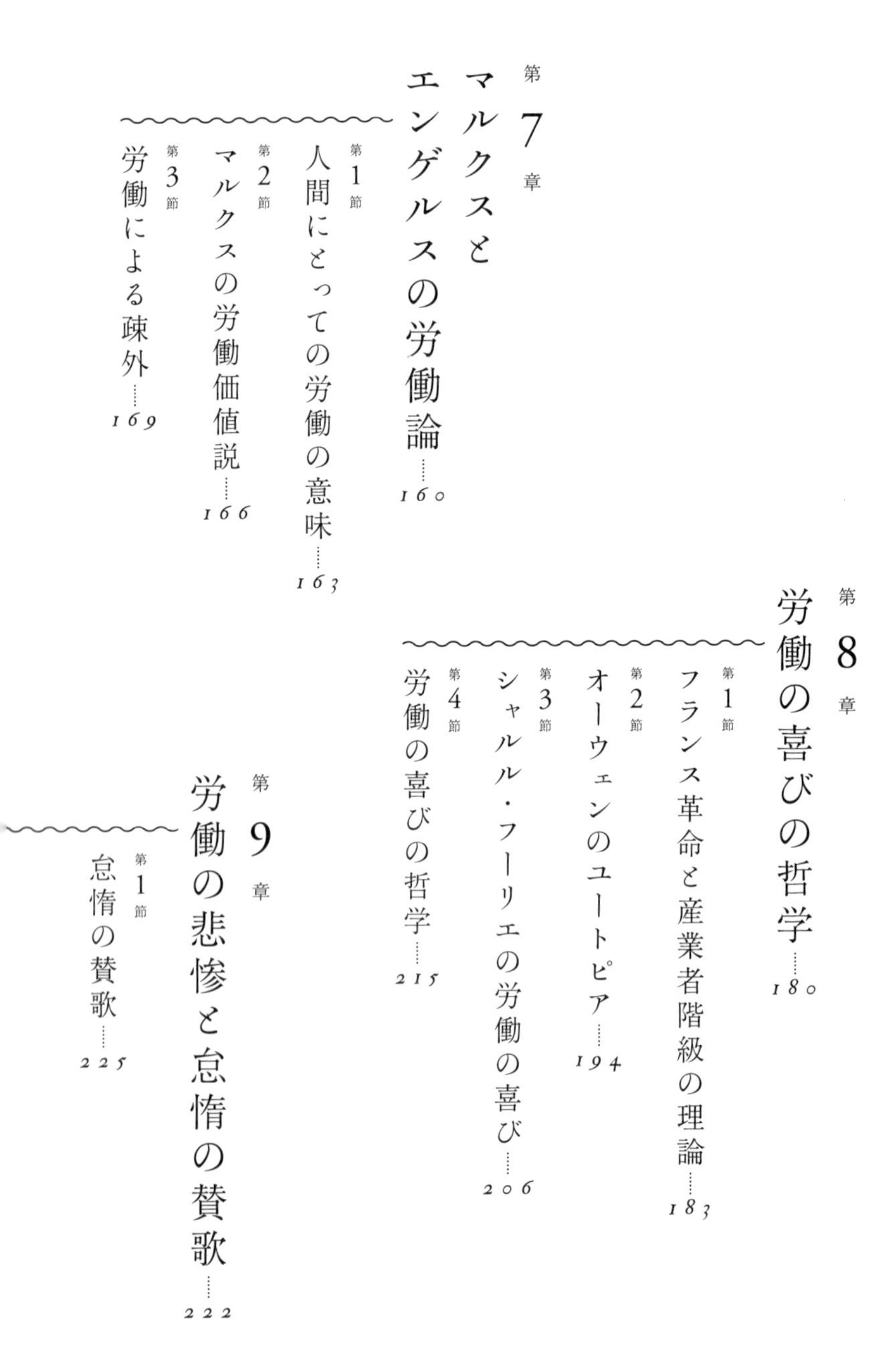

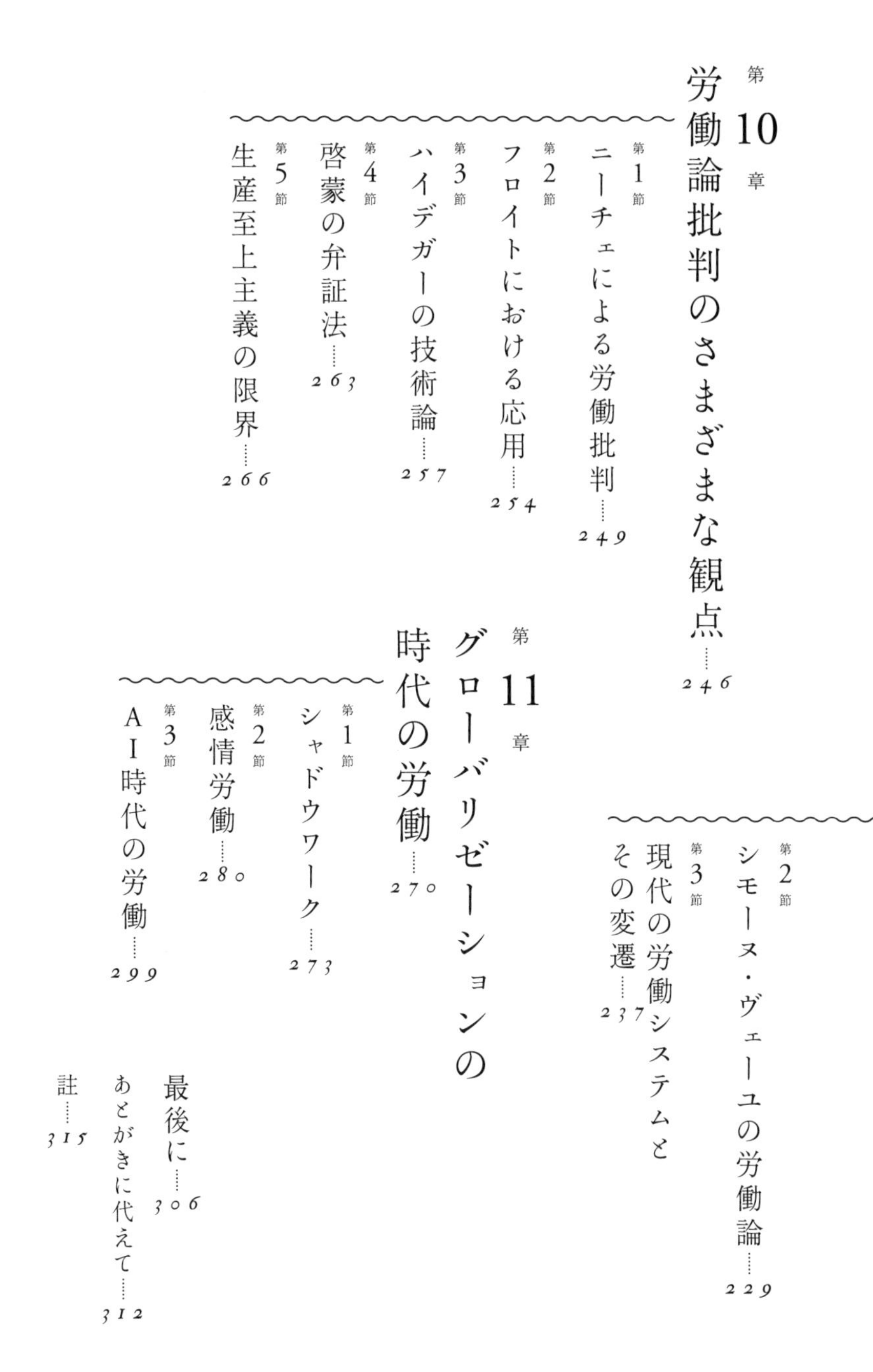

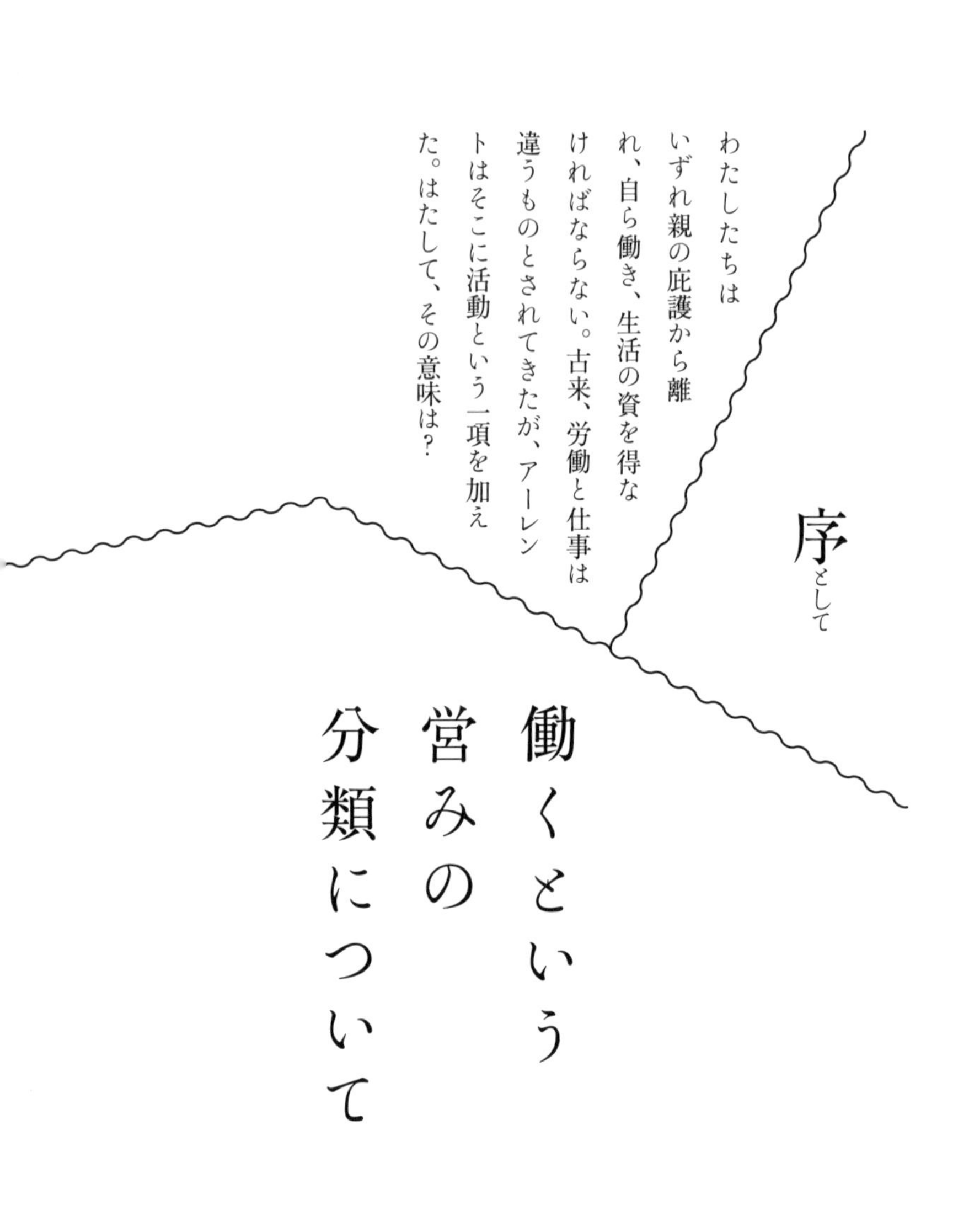

序として
働くという営みの分類について

わたしたちはいずれ親の庇護から離れ、自ら働き、生活の資を得なければならない。古来、労働と仕事は違うものとされてきたが、アーレントはそこに活動という一項を加えた。はたして、その意味は？

ハンナ・アレント

Hannah Arendt

1906-1975

ドイツのユダヤ系家庭に生まれる。ハイデガーとヤスパースに師事。ナチス政権成立後、1933年にパリ、41年にアメリカへ亡命。20世紀の全体主義を生み出した大衆社会の思想的系譜を考察し、現代精神の危機を訴えた。著書に『人間の条件』『全体主義の起原』『イェルサレムのアイヒマン』など。

ヘシオドス Hēsíodos

古代ギリシアの叙事詩人。紀元前700年頃に活躍。著作に、遺産相続で争う弟ペルセースに対し農業労働の尊さを説く『仕事と日』、天地誕生とゼウスをはじめギリシア神話の神々の系譜を語る『神統記』がある。

ソクラテス Socrates B.C.470/469-B.C.399

古代ギリシアの哲学者。対話を通し相手に無知を自覚させ、真の知に至る道を説く。危険思想として裁判で死刑を宣告され毒杯を仰ぎ死亡。著作は残さず、弟子プラトン(▶100ページ)、クセノフォーンの著作を通して知られる。

アリストテレス Aristotelēs B.C.384-B.C.322

古代ギリシアの哲学者。プラトンの弟子。人間の本性は「知を愛する」ことにあるとし、哲学から自然学まで網羅的に体系化、「万学の祖」とされる。西洋最大の哲学者のひとりとされ、後世に多大な影響を与えた。▶2章

マックス・ウェーバー Max Weber 1864-1920

ドイツの社会学者・経済史家。ドイツ敗戦後に政治家の資質と倫理を語った『職業としての政治』、近代資本主義の成立をプロテスタントの世俗内禁欲に求めた『プロテスタンティズムの倫理と資本主義の精神』が知られる。

わたしたちはなぜ働くのか

現代のわたしたちは、働くことに自分たちの時間のほとんどすべてを費やしている。働くことにはさまざまな意味がある。しかしわたしたちは何よりも、働かなければ生きていけないと考えている。現代の核家族の社会では、大人になるということは、子供の頃に自分を庇護してくれた家族から離れて、一人でまたは新たな家族を構成して、働きながら独立して生きていくことを意味している。わたしたちがアイデンティティを確立し、維持するためにも働くということは大切な営みと言えるだろう。

それだけではなく、わたしたちは働くことによって、社会の成員として社会の一部を構成し、人とのつながりをもつことができる。働くことは、たんに自分や家族が生計を維持するという目的のためだけではなく、人々とのつながりを維持するという社会的な生活のためにも行われる。働かないということは、自分のうちだけに閉じこもってしまうことであり、ほかの人々と結びつく重要なきっかけを失うことである。

さらにわたしたちは働くことによって、喜びを得ることができる。たとえば自然の中で力を尽くして働いたあとの清々しいまでの疲労感は、それが身体的にはたとえ辛い労働であったとしても、ある種の喜びをもたらすものだろう。さらにわたしたちは仕事のうちに、自分のもつ可能性を発揮しているという自己実現の実感を得ることができる。仕事の成果がたとえ他人に高く評価されないとしても、自分の創造的な力を発揮して何かを作りだすことは、大きな喜びをもたらすものである。あるいは自分がなすべきだと考えた仕事を成し遂げたあとでは、大きな満足感を味わうことができる。それは娯楽のうちに感じる喜びとは別の種類の喜びだろう。

働くことの二つの意味

働くことはわたしたちにとっては、このように生計の維持、他者とのつながりの確保、働くことの喜びの享受という三つの意味でとても重要なものと思われる。これらの側面について考えてみるために、「働く」ということをもう少し詳しく考えてみよう。ユダヤ人であるために祖国のドイツを追われてアメリカに亡命した哲学者**ハンナ・アレント**（一九〇六〜一九七五）が指摘しているように、西洋の多くの言語では、働くことを意味する言葉には二つの系列がある。一つは「労働」という言葉であり、もう一つは「仕事」という言葉である。労働という言葉には、わたしたちが自分の身体を使って苦労しながら働くという否定的な意味合いが強く含まれ、仕事という言葉には、わたしたちが自分の手や頭を使って工夫しながら働くという肯定的な意味合いが強く含まれている。

これは古代のギリシアの伝統に由来するものであり、ギリシア語では労働はポノスという言葉で表現され、仕事はエルゴンという言葉で表現されていた。ポノスという言葉は、苦痛を意味するペニアという言葉から派生したものであり、「厳しい労働をする」とか、「苦しむ」を意味するポネオマイという動詞からきた名詞である。これにたいしてエルゴンという言葉は、「何かを遂行する」とか「作り上げる」という動作を意味するエルガゾマイという動詞からきた名詞である。労働ポノスという言葉には働くことの苦痛という意味合いが強く、仕事エルゴンという言葉には働くことによって生まれる成果に重点を置く意味合いが強いのである。

　具体的な用法を調べてみよう。紀元前八世紀末頃のギリシアの叙事詩人**ヘシオドス**の主著の一つの『仕事と日』という作品において、ヘシオドスは労働（ポノス）と仕事（エルゴン）について多くの考察を展開している。それによると、半神の英雄プロメテウスがゼウスの命令に反して人間に火と技術を与えたことから、ゼウスは人間にその罰を与えようとした。これによって人間に労働と死が生まれたのである。「それまでは地上に住む人間の種族は、あらゆる煩いを免れ、苦しい労働（カレーポス・ポノス）もなく、人間に死をもたらす病気も知らずに暮らして」[1]いた。ところがゼウスが人間に与えた罰として、労働は苦痛なものとして人間に課せられた。ヘシオドスは人間を苦しめるものとしてまず、「痛ましい労苦（ポノス）」を挙げているのである。[2]

　他方で神々は地上の人々に働かせるために、他人と競おうとする気持ちを起こさせようとし、復讐と争いの女神エリスが、人間たちに働こうとする気持ちを植えつけた。「このエリスは根性なき男をも目覚めさせて仕事（エルゴン）に向かわせる」[3]のである。「仕事を怠る怠け者も、他人が孜々（しし）として耕し、植え、見事に家をととのえるのを見れば、働く気を起こす」[4]のであり、争いの女神エリスは、人間にとって有益な女神なのである。人々は自分の手の仕事によって自分の卓越さを他人に示そうとした。このエルゴンという言葉は、作り上げた作品という意味もそなえており、人々の仕事の成果そのものでもある。

　古代ギリシアにおいてすでに、この辛い身体的な労働とやりがいのある仕事という二つの側面が明確に認識されていた。これを受け継いで、「労働を意味するすべてのヨーロッパ語、すなわちラテン語のラボールと英語のレーバー、フランス語のトラバイユ、ドイツ語のアルバイトは、苦痛と努力を意味しており、産みの苦しみを表すのにも用いられる」[5]ようになったとアレントは説明している。これに対して仕事という言葉としてはその成果を意味するエルゴンの系統の言葉が使われ、主として名詞のかたちで、ラテン語のオプス、英語のワーク、フランス語のウーヴル、ドイツ語のヴェルケという言葉がこの系列を示している。

　近代においてこの二つの概念の違いを直截に表現したのは、「身体の労働（レーバー）と手の仕事（ワーク）」[6]という**ジョン・ロック**（一六三二〜一七〇四）の言葉だろう。身体はすべての人に共通にそなわるもので、労働するときにはわたしたちは自分の身体の全体を使わざるをえないことが多い。ところが何かを制作する場合には主として手を使うのであり、この手は自分の身体の外部に存在する道具や機械などを駆使して、自分の望む作品を作り上げる。身体の労働にも個人差はあるが、仕事では何よりもそれぞれの人に固有の働きの違いが表現される。

　わたしたちが「働く」という言葉で語ろうとするときには、この二つの概念が分かちがたく結びついている。働くというのは自分の身体を使う厳しい労働であることが多いが、わたしたちが自分の手や頭を働かせて実現する仕事、自分たちの才覚を発揮する仕事であることも多いのである。ゼウスの罰によって人間は労働しながら自分の糧を手に入れて生存しなければならなくなったのだが、自分の才能を発揮して、他人よりも優れた作品を作り上げる仕事に従事することもできる。この二つの側面はわたしたちの働くという営みにおいてときには結びつき、ときには切り離されながら密接な関連を持ちつづけている。仕事によって何かの作品を残すことができたときには大きな喜びを感じるが、それだけではなく辛い仕事である労働においても、わたしたちは生計の糧を得て、仲間たちと労働の成果を誇り合い、自分が何かを成し遂げることに喜びを感じることができるのである。

労働、仕事、活動

ところでアレントはこの労働と仕事のほかに、活動という概念を提起して、人間の行動の全体をこれらの三つの概念に分けて考察した。

アレントによると「労働」という営みは人間が自分の生命を維持するために必要な苦しい営みであり、これはきわめて個人的なものである。この労働は個人の生活を支えたあとには何も残さない。家庭において食事の用意をし、部屋を片づけ、掃除する営みなどは、日々の生活において重要なものであるが、食べてしまえばあとには何も残らず、部屋を片づけても、その成果はたんに暮らしやすくなるというだけのことである。この種の労働は、人々の生活を維持するためには不可欠であるが、あとには何も残さず、何も生産しないのであり、ときに空しく感じられるものである。

これにたいして「仕事」という営みは人々が自分の能力を発揮して社会のために何かを残そうとするものであり、創造的な性格をそなえている。この行動によって世界にさまざまな作品と道具が残される。この営みは個人的な才能を発揮するという意味では個人的なものであるが、世界に産物を残すという意味では半ば公的な性格を帯びている。

最後の「活動」という営みは人々が公的な場において自分の思想と行動の独自性を発揮しようとするものである。この営みは、個人の生活の維持ではなく、公的な場において共同体の活動に参画するものであり、公共的な性格を帯びるものである。この思想と行動という活動のあとには、目に見える「作品」のようなものは残らないことが多い。アレントはこの活動という営みを、労働や仕事とは明確に異なる特別な次元の行為として捉えたのだった。

古代ギリシアにおける労働、仕事、活動

これは古代ギリシアのポリスのありかたを反映したものだった。ポリスにおいて個人は家庭において自分と家族の生活を維持するために「労働」する。この労働という営みは、家（オイコス）において行われるものであり、公的な世界からは隔絶されたものとされていた。この「自然の共同体」としての「家族の領域」は「個体の維持と種の生命の生存のため」[7]に必要とされた領域であり、必要性と必然性に支配されていた。

次の「仕事」という営みは、共同体の人々のために行われるものであり、「公衆（デモス）のために家（オイコス）の

境界の外で行われるすべての行動を意味した」[8]。これは主として職人による手仕事であり、公的な意味をそなえているものの、共同体での公的な活動とはまったく別の種類のものであった。こうした営みに従事している人々は、公共の場で共同体のための発言をすることが許されないことが多かった。

古代ギリシアでは身分的にも、仕事に従事する人々は公共の場から排除されることが多かった。この営みは家（オイコス）のなかでの労働のように生活と自然の必然性に服従するものではないとしても、公的な場での自由な営みではなかった。それというのも、仕事に従事している人々は、公的な場で発言するために必要な自由をそなえていなかったからである。アテナイでは仕事に従事している人々は自由人としての権利を認められないことが多かったが、それは何かを制作するという営みに従事しているために、公的な活動をするのに必要な閑暇がもてなかったからである。

この仕事という営みがアテナイの自由人から軽蔑され、嫌われていたことは、『ソクラテスの思い出』において**ソクラテス**（前四七〇／四六九〜前三九九）の友人のアリスタルコスが語った言葉からも明らかである。アリスタルコスはアテナイで起きた内乱のために親族の女性が彼の家に集まってきたので、家を維持するために経済的に苦しくなって困っていた。ソクラテスは、衣服を縫わせるとか、蕎麦（そば）を作らせるなどの方法で大きな富を得ている人々がいることを指摘して、それにならって彼女たちにも仕事をさせてはどうかと提案する。するとアリスタルコスはそのような方法で富を築いた人々は、「異国の人間を奴隷に買ってきて、なんなりと適当な仕事をむりやりやらせるからであって、私の家にいるのは自由の身分の、しかも身内の者たちだ」[9]と反論する。こうした仕事は自由な身分の人間たちがやるべきことではないと信じ込んでいるのである。

アリストテレス（前三八四〜前三二二）もまた、職人たちには自由人にふさわしい徳が欠如していて、奴隷と同じ程度の徳しかもっていないと考えていた。職人について「職人が奴隷状態に置かれる程度とまさに同一程度の徳がふさわしいことになる。というのも俗業的な職人の有するのは一種の奴隷状態だから」[10]と語っていたのである。

最後に「活動」とはポリスの公的なことがらを担う営みであり、これは公的な自由の領域で行われるものであって、ポリスの自由民だけが自由を享受しながら、こうした公的な活動に従事した。自由であるということは、支配されないということであるが、それはたんに生活と自然の必然性に支配されないだけでなく、他者を支配する必要性にも支配されないということだった。「それは支配もされなければ支配もしないということだった」[11]のである。

だから活動は労働とも仕事とも異なる自由な活動であり、無償で行われるべきものだった。これは労働とはもっとも対照的な営みであり、生計の維持を目指したものでも、何かの作品を世界に残すことでもなかった。しかし現代においてはこの自由な公的な活動の営みもまた重要な職業となっているのであり、生活の資を稼ぐ営みとなっている。そのことは**マックス・ウェーバー**（一八六四〜一九二〇）が『職業としての政治』で強調したことでもある。現代の政治は「政治を職業とする真の人間たち」[12]が担う活動なのである。

このように現代ではほんらいの意味では活動であるものが一つの職業となっているが、それはもはやわたしたちが古代ギリシアのポリスに生きていないという時代的な変動の結果ではあるが、アレントの分類ではうまく整理できない部分があるためでもあるのはたしかである。活動という公的な営みは、共同体のうちで自由な人間がその能力を発揮して人々が高い評価を獲得することを求めるものであるが、労働や仕事を含めて、人間のすべての営みにはこのような社会的な評価を得ようとする要求が含まれているものである。わたしたちは労働することによって生活の資を稼ぎながらも、会社や労働の現場において人々との絆を構築し、他者から評価を獲得することができる。その意味では現代では労働はもはや閉ざされた家庭の内部での私的な活動ではなく、社会的で公的な重要な意味がそなわっているのである。

この書物ではアレントの提示した古代ギリシアにおける労働、仕事、活動という分類を基盤としながら、そうした人間の行為の区別が現代においてどのように揺らぎながら、新たな表情を示すようになったかを、歴史的に考察することにしよう。わたしたちは働きながら、自己の生存を維持するという労働の側面を実現する。あるいは仕事をしながら何らかの成果を世界に残すと同時に、他者にたいして自己の力を示し、他者からの評価を獲得するという活動の側面を実現している。そしてわたしたちはこうした労働と仕事の両方の営みにおいて、自己実現の喜びを味わうことができるのである。

ジャン＝ジャック・ルソー

Jean-Jacques Rousseau
1712-1778

ジュネーヴの時計職人の子として生まれる。放浪生活の後、さまざまな仕事を試みるなか、1750年『学問芸術論』がアカデミーの懸賞論文に入賞、自由と平等をテーマに著作活動を始める。『人間不平等起源論』『社会契約論』では人民に主権があると主張し、フランス革命を導くこととなった。►6章

第1章 原初的な人間の労働

新石器時代には気候変動により、移住から定住へと変わり、狩猟採集から動物の家畜化、菜園からの収穫へと労働のあり方も変わった。やがて都市化と国家の形成が始まる。それに伴って労働の量と質も大きく変動した。

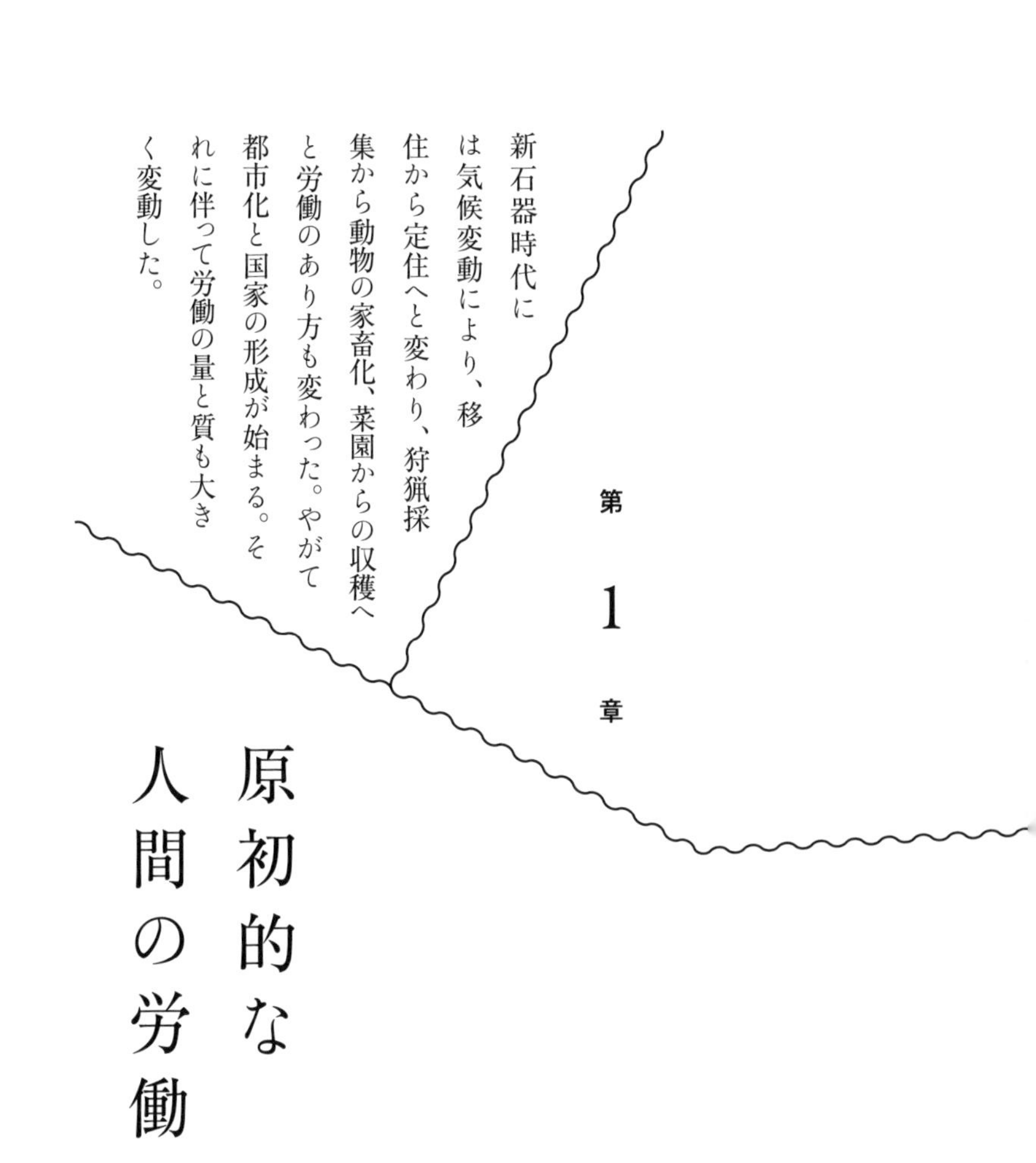

ジョルジュ・バタイユ Georges Bataille 1897-1962

フランスの思想家、作家。古文書学校卒業後、国立図書館司書となる。理性を中心とする西洋哲学の絶対知を批判し、文芸批評や絵画論、小説など、無神論の神秘主義的な作品を多く著し、「死とエロチシズム」の思想家と呼ばれる。

ルイス・マンフォード Lewis Mumford 1895-1990

アメリカの文明史家、都市・建築批評家。技術論を軸に文明史をひもとく独自の手法で、巨大都市に代表される現代文明の課題を提起する書を多く著した。著作に『技術と文明』『都市の文化』などがある。

第1節 原初的な労働とは

ルソーの「自然人」

ジャン＝ジャック・ルソー（一七一二〜一七七八）は原初の時代にあっては人間は森の中で他者との関係をもたず、たわわに実っている果実を食べ、川の水を飲み、林の樹木の下で眠るだけの素朴で簡単な生活を送っていたはずだと考えていた。『人間不平等起源論』で描き出されたこのルソーの「自然人」の生き方においては、生存するための労働は、ただそこに実っている果実をもぎ取るという半ば遊びのような営みであり、現実の人間の労働とは異なり、労苦としてのポノスの側面は欠如している。さらに自然人は技術を所有していないためにいかなる作品を世界のうちに残すこともなく、エルゴンとしての仕事の側面も欠如している。そして自然人は家族をもつこともなく、他者と社会を構成することもなく、他者からの評価をまったく考慮することもない。そこには活動という側面は完全に欠如している。ルソーの自然人は自然のうちで人間ではない動物と同じように生きているとされている。

ルソーはこの原初的な人間がそののちに社会的な人間になるプロセスを考察することで、人間における不平等がどのように発生したかを考察したのであるが、文化人類学的な観点からみると、歴史的に生きてきた原初的な人間がこのような自然人として、森の中で暮らす孤独な成人男性であったことはないだろう。人間は誰もが母親から生まれるものであり、母と子は家族として長いあいだ一緒に暮らしている。というのも人間は、生まれてから一人で生きていけるようになるまで長い時間がかかるからである。

子馬は生まれてからすぐ歩きだすことができるし、子猫も生まれてから二週間も経てば自分で餌を探して食べることができるようになる。ところが他の動物と比べて早生（そうせい）動物である人間は、生まれてから一年間は立つこともできず、ひたすら他人から栄養を補給してもらわなければならない。このため母親と子供との絆は強く、母親は子供を育てるために自分で食料を取ってくることはできず、父親である夫に頼らなければならない。だから人間は生まれてから、家族のうちで母親と父親に養われて生きるように作られている。

人間の原初的な生活はこのように家族単位で構成されていると考えるべきであり、少なくとも数家族が集まった小さな集団が原初的な生活形態であるだろう。そのような原初的な集団においては、男性が狩りをし、女性が育児と生活の場の近くでの採集活動を担当して生存していると考えるのが自然だろう。このような生存のための行為はどれも、すでに考察してきた三類型のうちでは「労働」に属するものと考えることができる。

実際に現在でもアフリカの採集民はそのような労働に依拠した暮らし方をしている。カラハリ砂漠に住んでいるブッシュマンたちは、核家族を軸とした集団生活をしていて、基本的に数家族で一つのキャンプを構成している。集団のうちでは男女のあいだで簡単な分業が成立していて、「男は狩猟と道具の製作、女は採集と料理というふうに分業が行われるが、男はしばしば採集行動にも加わる[1]」。男は狩猟に出るときには激しい労働をしなければならないが、そうでないときには一日じゅうキャンプにいて休んでいたり、道具の修理に励んだりする。女の採集活動も一日のわずか数時間で済んでしまう。狩猟によってたまに多量の肉が手に入ったときには、「彼らは採集にも狩猟にも行こうとしない。一日中キャンプで寝転がっていたり、おしゃべりをしては笑い転げたり、歌を歌ってダンスをしたりしながら、お腹が空きかけると肉を料理して食べる。彼らは決して必要以上に食物を集めることはしない[2]」。

彼らの労働と生活は、人間が最低限の必要性を満たしながら生存するために必要な労働と生活様式を示す一つの理念型とでも言うべきものだろう。自然の条件が好ましいものであれば、人間はごく手近にあるものを道具として使いながら、一日にごくわずかな時間だけ労働することで、生存することができる。人々はもっと長い時間をかけて働くことはできるだろう。しかしそのような労働はどのような意味をもつのだろうか。取りすぎた獲物は腐るだけである。過剰な食物は、新たなキャンプへの移動と新たな食物の獲得にとって邪魔になるだけである。そして腐敗物は生活条件を劣化させる。余剰の労働は不必要であるだけでなく、生きるための妨げとなる。

その意味では「現存するこの生産様式の見地からすると、利用できる労働力の大部分は、過剰である[3]」と言えるだろう。このような労働を担うのは、最低でも一組の男女で構成される夫婦の家庭である。「世帯経済は、自ら決定した目的、つまり生計だけで満足してしまうことにほかならない。家族制生産様式は、本質的に反剰余のシステムなのである[4]」。労働で獲得したものをすぐに消費してしまい、余剰を残さず、蓄えるということもしないこのようなシステムは、国家や社会の形成とは疎遠なものである。国家という制度は家族に、生計の満足を超えたものを提供することを求めるものだからだ。

こうした生き方は、古代のエジプトやメソポタミアの文明の世界の生き方とはきわめて対照的なものである。エジプトなどの古代文明はいずれ検討するように、人々の労働の成果を搾取することによって成立しているからだ。

第2節 旧石器時代の労働と芸術

石器の発明

現代のブッシュマンのこのような採集に依拠した労働は、歴史的には旧石器時代からほとんど変わっていないと考えられている。この旧石器時代は厳しい氷河期であり、この時代を生き延びるために人々は石を加工することで、尖った石を武器や料理道具として利用するようになった。最初に石器を作りだしたとみられるのは、四〇〇万年前から二〇〇万年前に生存していたとされる初期の人類である猿人のアウストララントロプスであり、彼らは「最も単純な一撃、つまり一回の動作で石に刃をつけた[5]」のだった。次の段階では、一八〇万年前から二万年前までに生存していたとみられる原人たちは、たんに石に一撃を加えるのではなく、衝撃を受ける石に垂直な方向の打撃と、打ち欠いた部分に接線方向に加えられる二回の打撃を加えた。この二回目の打撃で非常に薄い剝片石器が作られる。この薄い石器は包丁として使われた。次の旧人の段階では、剝片石器を作りだしたあとに残る石核にさらに打撃を加えて、必要な形の剝片を作りだした。この「石核は最初両面石器の形に粗削りされ、それから剝片を採取するために加工され、核そのものがなくなるまで、連続的に剝片が採取されるよう、なんども加撃されるのである[6]」。

この時代はこうした石器の制作とそのための技術的な工夫が特徴的であるが、狩りの道具として使われたのは石器だけではない。最初から道具として活用された棍棒のほかにも、弓と矢も発明されていた。この道具は、それまでの道具とは違って、身体の延長ではないという重要な特徴をそなえている。「弓と矢は、自然の何ものにも似ず、マイナス一の平方根のように、奇妙で独特な人間精神の産物[7]」なのであった。やがてヘーゲルが指摘するように、道具とは人間の精神が「物」としての姿をとったものなのである。

労働と技術および言語

ここで考えておく必要があるのは、人間の労働の変化は、技術および言語の発達と密接な関係があるということである。人類が誕生したのは、数百万年前に四足歩行をやめて二足で歩行し始めたことによるものである。二足で歩行することで、それまで歩行に使っていた前脚を、物をつかむための道具として利用することができるようになった。それと同時に首の上に直立して載せられた頭蓋が発達して大きな脳髄を収容することができるようになった。とくに皮質部分に言語活動を司る部分が形成された。同時に人間の顔の一部の口と舌と喉が、言語を発するための器官として発達していく。このようにして人類は言語を獲得したのである。

二足歩行はこのように人類に技術を使うための手と、他者に意志を伝達するための言葉を話す顔を作りだしたのであるが、この二つは別個のものではなかった。手はたんに道具を使うためにあるのではなく、他者に意志を伝達するための「身振り」にも活用された。獲物を取るために進むべき方向を仲間に示すのに、腕を使って指差すことほど、簡略で明瞭な方法はあるだろうか。そして指差しながら、何か音声を発することほど、自然なことはないだろう。二足歩行によって、手と顔が解放され、「手はものをつくる器官の使命をもち、顔は言語活動における体系的な発生の道具となっている」[8]のだった。この二つは主に手を使う身振りを媒介として密接に結びつく。「手の動きと顔の前部器官の動きとのあいだには、密接な関連協関がある」[9]。

人類が労働するためには、手の仕事としての技術と、顔の仕事としての言語が協力することが不可欠であった。言語によって人類は他者と協力して集団行動をとることができるようになり、技術によって人類は他の霊長類にはみられないような高度に効率的な道具を作りだすことができた。道具には人間の知性が凝縮して表現され、言語は道具を生みだした知性を分節化して表現することで、考えていることを他人に伝達し、共有することができるようになった。

芸術と宗教の誕生

ところで旧石器時代には人間は道具と言語を使って、長く厳しい氷河期をやりすごすことができた。旧石器時代に登場した新たな道具は弓と矢であり、剥片石器を棒の先につけた槍であった。紀元前三万年から一万五〇〇〇年頃までの旧石器時代の後期は狩猟の時代だった。採集という平和な活動と比較すると、狩猟という活動は、単独で行ったのでは効率が悪く、人々が集まって協力することが重要だった。狩猟活動が中心を占めるこの時代には人間の精神と労働の歴史においていくつかの重要な変化が発生した。その変化について、ラスコーなどの洞窟に描かれた絵画を手掛かりに考えてみよう。

この変化を示す第一の明確な特徴は、このような絵画が描かれるようになったこと、すなわち芸術が誕生したことである。アルタミラやラスコーの洞窟の壁画は、わたしたちを驚かすような高度の芸術性をそなえた作品であり、奇跡としか言いようのないものである。ラスコーの絵画が発見された当時には、現代の作家による偽造なのではないかと疑われたほどだった。「驚くべき生命力と光輝に充ちたこの壮麗な動物画を前にしてさえ、一瞬、これは幻ではないのか、でなければ大がかりな作りものではないのか、という思いにうたれずにはすまない」[10]のだった。

この壁画には先史時代の人間たちが狩っていた動物たちが、強烈な迫力をもって描かれている。このように人間たちによって狩られている動物たちの写実的な像を描くということは、動物を捕らえて殺す行為を象徴するものと思われていたようである。「動物の写実的な像を創りだす目的の一つは、動物を〈捕える〉ことであった」[11]。芸術はたんに人間の創造的な力と才能を発揮する場ではなく、アニミズム的な効果を発揮する祈願の場であり、狩猟の成功を先取りする呪術の場であった。人間は殺害された動物からの恨みを自分たちから逸らすために、動物は死ぬことで聖なる場所に戻れるのだと語りかけ、動物たちが狩猟という労働の営みによって殺戮されたことへの恨みを人間たちに抱かないようにするための儀礼の営みであった。芸術はこのようにいくつもの機能をはたしていたのである。

洞窟絵画で主に描かれたのは、このように人間たちに狩られて殺される動物たちであり、狩りをする人間たちはほとんど描かれていない。聖なる動物と比較すると、人間たちは絵に描くに価値もない存在にすぎなかったかのようである。わずかに描かれた人間は死者であり、生命感に満ちた野牛の絵と比較すると貧相な死体として描かれている。その顔は「まっすぐな嘴(くちばし)をした鳥の顔に似ている」[12]のであり、しかもその死体は勃起している。写実的に描かれた動物たちと比べると、人間はことさら粗雑に描かれている。「動物に関しては驚くべき完成度に達していた自然主義的手法から、どうあっても人間だけは頑固に除外しようとしたかのような具合」[13]なのである。

このように傑出した手腕で描かれた動物像とことさらに粗雑に描かれた人間の対比は、先史時代の人間たちが動物と人間にみいだしていた相違を反映したものだろう。動物たちは聖なる存在であり、人間たちは惨めな存在であると考えられていたようである。フランスの思想家の**ジョルジュ・バタイユ**（一八九七〜一九六二）は、このような対比が生まれたことの背景に、労働することのない動物の生き方を至高なものとみなし、日々の労働に疲れはてる人間は惨めなものと考える思想の存在を読み取っている。ただしこのような絵画を描くことによって人間は日々の労働の惨めさから逃れ、動物と同じような至高な戯れに熱中することができるのである。

　第二の重要な変化は、この時代において死の意味が考察されるようになり、宗教が誕生したことである。これは人間が死者を葬る儀式を始めたことに顕著に示されており、人類における宗教性の発生を告げるものだった。人間は自分や同胞の死を経験することで、他界の存在を意識し、その他界との対比で現世にたいする新たな意識が登場した。これは広い意味での宗教の発生を告げるものである。現世は来世との対比において、労働の世界だった。来世はこのような労働の存在しない場所であり、現世の労苦から解放される場所であった。

　ラスコーの絵画が示しているのは、当時の人々は、動物たちは狩られることによって聖なる存在へと変化すると信じていたことであり、それは動物たちにとっても祝福すべきことだと考えられていたということである。狩猟という営みは、聖なる動物を殺す行為であり、このような忌まわしい行為が許されるのは、狩られて殺戮された動物が死後に聖なる場に赴くからであって、動物を殺すことは動物のためになると信じ込むことによってであったらしい。動物の絵を描く行為は、狩りという労働の行為のもつ忌まわしさを、殺戮行為は動物たちを聖なる存在に戻す行為であるという信仰によって解消させることであり、このような絵画を描くことによって、労働の世俗性と忌まわしさを弁明する行為であったと言えるだろう。

人間に狩られる動物たちは、死によってこのような場に赴くのであり、人間たちは死によってしか労働のない場所に赴くことはできないのである。このような宗教性の発生に伴って儀式が行われるようになった。この儀式はまず人間の死にかかわるものとして発生しただろう。ただし儀式はそれだけではなく、人間たちが共同で行う神聖な場において、生活を維持するための活動である労働の成功を祈願するという意味をもち始めた。儀礼はこのように、労働のもたらす成果を祈願すると同時に、労働がその副産物として生みだす獲物たちの恨みを解消しようとする試みでもあった。

個人から集団へ

この時代に発生した変化の第三の特徴は、人々が狩猟のために個人ではなく集団として行動することを学び、その集団を率いる指導者をみいだしたことである。この時代において初めて「支配する人格、狩猟の首長が、ギルガメッシュの叙事詩やエジプト前王朝の粘土板にみられるように、ついに文明世界の歴史的舞台に登場するようになる」[14]のである。それまで個々の小さな集団として行動していた人間たちは、大きな集団のもとに集まるようになる。これが文明社会と国家の萌芽となるのである。

第3節 新石器時代の労働

新石器時代の始まり

旧石器時代の労働と生産のシステムが特定の自然条件のもとで十分に成立し存続しうるシステムであることは、現代においてもブッシュマンの社会が証明している。ルソーが『人間不平等起源論』で示した自然人の生活は、家庭を作らないということを除くと、この生産システムと同等なものである。しかしこのような素朴な労働と生活のために適した自然条件にやがて大きな変動が生じる。ルソーはそのことを「何らかの自然的な変動」の発生に求めているが、歴史的な記録によると、間氷期の気温が上昇して、生活条件が著しく改善されたことによって、余剰生産物の蓄積が可能となったようである。気温が上昇し、人々の生活は豊かになると、人々は移動しなくても周囲に存在する植物や動物相を採集し捕獲するだけで十分に生存できるようになった。

一時は気候が再寒冷化したこともあったようだが、こうした揺り返しのあとに人々は定住して農耕生活を開始するようになった。そしてルソーが『人間不平等起源論』で描いたように、農耕生活によって生まれた多量の食料の蓄積が、都市生活の開始、集団的な労働の組織化、技術的な発展、社会的な蓄積、文明の発展を可能としたのである。

定住による変化

このような定住と農耕の開始によって、紀元前六〇〇〇年頃から七〇〇〇年頃に世界の各地で新石器の利用が始まり、二つの重要な文化的な進展がみられた。農業に適した穀物の栽培のための菜園の活用と、余剰の農産物を蓄積するセンターとしての都市の形成である。この時代には定住することで、新しいタイプの人間と労働が誕生した。定住することで、人々は家に住むようになり、さまざまな動物を家畜として飼いならすようになった。

最初に飼いならされたのは人間そのものであった。「飼いならす営みの第一歩は、永続的な屋根をもつ固定した炉を設けることであり、それがその後のすべての歩みを可能にした」[15]のであった。家の炉を守るのは女性であり、男性が狩りに出かけて空しく家に戻ってくると、女性が採集した植物や菜園で改良した穀物で作られたパンなどが、飢えた男たちのために用意されていた。「穀類の栽培化にともなって、食物の調整に根本的な革新があった。パンの発明である[16]」。

菜園での労働

この時代には品種改良によってさまざまな植物が野菜として栽培されるようになった。この品種改良のための最適な場として利用されたのが、住居の近くに開かれた菜園である。「栽培化の全過程にとって中心的なものは菜園であった[17]」。こうした菜園では「食用、薬味、香料、薬用の植物、役に立つ繊維植物、色や香りや形の美しさや宗教的儀式に使われるために讃えられる花の植物が、すべて一緒に植えられ[18]」ていたに違いない。さまざまな植物が混栽されるこうした菜園は、「異種交配にはとくに都合がよかった[19]」とみられる。

このような菜園で品種改良に携わったのは主として、狩猟に出かけることがなく、家を守っている女性であったに違いない。その仕事に携わることによって、女性の精神的な状況には変化が生じたと**ルイス・マンフォード**（一八九五～一九九〇）は語っている。「性の喜びと生命の生産を遂行し、象徴する女性の特別な役割[20]」が、性の意識を高め、労働についての考え方を変革したと考えられる。新石器時代の初期における菜園栽培は、主として女性の仕事であり、その営みは厳しい「労働」というよりも、創意と工夫が求められ、その成果が確実に目に見えるようになる「仕事」だっただろう。

この菜園での植物の栽培とほぼ同時期に、野生の動物を馴致(じゅんち)して家畜にする作業が開始された。マンフォードは家畜化の目的としては、宗教的な目的と愛玩の目的の二つがあったと考えている。「動物の馴致は、したがって儀式のため、そして結局は犠牲にするため、雌羊や雄羊を捕えたことから始まったのかもしれない[21]」。あるいは「いろいろな動物の子をかわいがって愛玩動物とし、〈家族の成員〉のように扱ったことは、牛小屋つきの家を作る要因となり、おそらく総体的に動物を馴らす過程を進めたことであろう[22]」。そしてこのようにして家畜となった動物は、羊や山羊(やぎ)のように食用となる乳をもたらすものも、牛や馬のように耕作のために人力に代わる動力を提供するものもあっただろう。いずれにしてもこの段階ではまだ労働は牧歌的な仕事のような性格を帯びていたようである。

ただしこのような動物の馴致の営みが活発になると、新しい労働の分業が生まれる。それまでのように男性が狩猟を担当し、女性が食べられる植物や果実の採集を担当するという旧石器時代の労働の自然な分業から、この新石器時代の前期には、「家畜の世話や犂による耕作だけでなく、去勢や屠殺も男性の仕事となったが、それらすべては新しい経済に本質的なものであった[23]」。そして女性は菜園での植物の育種という楽しい仕事を続けた。菜園での女性の仕事は、仕事の楽しみを味わう営みの端緒のようにも思える。

都市の形成と余剰生産物の蓄積

こうした小規模な菜園を中心とする家庭の集まりは、小さな村落を形成するだけであっただろうが、やがて大河の流域の豊かな土壌の地域を中心として、都市が形成されるようになる。このような都市生活は紀元前の八〇〇〇年頃からメソポタミアで始まり、エジプトなどでさらに発展していく。文明の始まりである。新石器時代の村落は、このような文明化に抗おうとした。過剰な剰余は蓄積されるのではなく、蕩尽された。「そのような社会は、自由な贈与や定期的な祝宴によって余剰をたやすく処理することができた」[24]のだった。しかしこれは人類の文明の進歩の道を閉ざす方法だった。「その地平線は塞がれ、日々の仕事は限られ、宗教は小さな祖先神に狭く関わり合い、村そのものは孤立の中に自己満足し、自分本位となり、見慣れぬものを疑い、外来の習慣に敵意をもつ」[25]ようにすることで、それまでの秩序を守ろうとしたのだった。ただしこうした小規模で穏やかで牧歌的な生活はそのままでは維持できないことが多く、いくつもの地域で文明への道がしっかりとした足取りで歩まれるようになった。「生活の維持を主とした村の経済が、豊かさの経済に変わる」[26]のは避けられないことだったようである。都市の誕生である。

エジプトのナイル川や中国の黄河などの流域にほぼ同時代に成立した都市において「文明の技術的な要素と社会的な要素の双方」[27]が現れたのである。技術的な要素としては、鍬や戦車の発明が挙げられるが、この時代に特徴的なことは、新たな機械や道具の発明そのものよりも、主として人力の組織の規模において顕著な革新が行われたことであった。河川と水路の開発は、新たな機械や道具の力によらずに、無数の人間の力を組織することによって行われたのだった。「流域地方に人口が増し、利用できる土地が獲得されるにつれて、かつて村で小規模に散発的になされていた灌漑と用水の開設は、公的な組織による広い水路系に変わった[28]」のである。さらにピラミッドを建築するために使われた巨大な岩石は、大きな技術革新なしに、「道具を使う人間の力の他には動物の力さえ借りないで揚げられ、据えられた[29]」のだった。このような都市の成立とともに、人間の裸の労働が搾り取られるようになった。

王権の誕生と文明社会の端緒

社会組織の観点からは、この新石器時代には王権が誕生したことが注目される。穀物の生産性が向上して余剰な産物が都市に集中されると、それを保管するための巨大な倉庫が建築される。そしてこうした倉庫に保管され、配分された穀物の量を記録するために、文字が発明され、文字を操る官僚的な組織が誕生した。文字を操る特権的な人々は、農業と穀物の生産にとって枢要な天文学の知識を獲得し、駆使するようになる。そして、そのような天の秘密を知る人々に、農民たちは大きな敬意を払うようになった。こうして文字を操る人々のうちから神官層が形成される。

このような天の秘密についての知識は、「宇宙の及ぼす影響力と人間の受ける結果を解釈する者としての彼らの超自然的な権威の源泉」[30]となったのだった。さらにこのような神官層のうちから、彼らを統御し、対外的な戦争を指揮する勇ましい武人としての存在を兼ねた王が誕生する。こうした「王権の有効性は、まさに狩猟人の略奪的な武勇と指揮能力と、聖職者の保持する天文学的な伝承と神の導き」[31]に依拠するものだったのである。

このように新石器時代には、ピラミッドの建設に象徴されるような無尽蔵の人的資源の浪費としか言いようのない労働の搾取が行われるようになった。旧石器時代の菜園における女性の労働が、自然と溶け合った環境において、自分の才覚を発揮することのできる「仕事」の側面をそなえていたとすれば、この新石器時代の労働は、過酷で辛い肉体労働という「労働」の厳しい側面を象徴するものであった。

さらにこの時代には水利権や土地の境界をめぐって他国との戦争が頻発した。国家の神殿に蓄積されている多量の穀物の在庫と、奴隷として過酷な労働を強いることのできる人的資源の存在は、すべての国に国力を増強させ、農民たちを徴兵して軍隊を編成し、他国に攻め入る戦争のもたらす利益を実感させたのだった。しかし、戦争もまた農民たちにとっては辛い労働にほかならなかった。

新石器時代の労働はこのように、農業における耕作という生存のためのほんらいの労働よりも、徴発されて国家のため、国王のため、神官たちのために働かされる労役者としての強制労働や、国内の反乱を制圧し、他国を征服するための侵略戦争における兵士としての徴兵労働という性格が強いものとなり、こうした特殊な労働が人々に重いくびきとしてのしかかった。そしてこのような労働制度は、ローマ帝国からフランスの絶対王政にいたるまで、これからの人類の歴史における労働の過酷な歴史を貫くものとなるだろう。これが変化してくるには、フランス革命以降の国民国家における資本主義的な労働の誕生を待たねばならない。

アリストテレス

Aristotelēs
B.C.384-B.C.322

古代ギリシアの哲学者。プラトンの弟子。人間の本性は「知を愛する」ことにあるとし、哲学から自然学まで網羅的に体系化、「万学の祖」とされる。西洋最大の哲学者のひとりであり、後世に多大な影響を与えた。著作は550巻ほどあったとされるが多くは散逸し、約1/3が現存している。

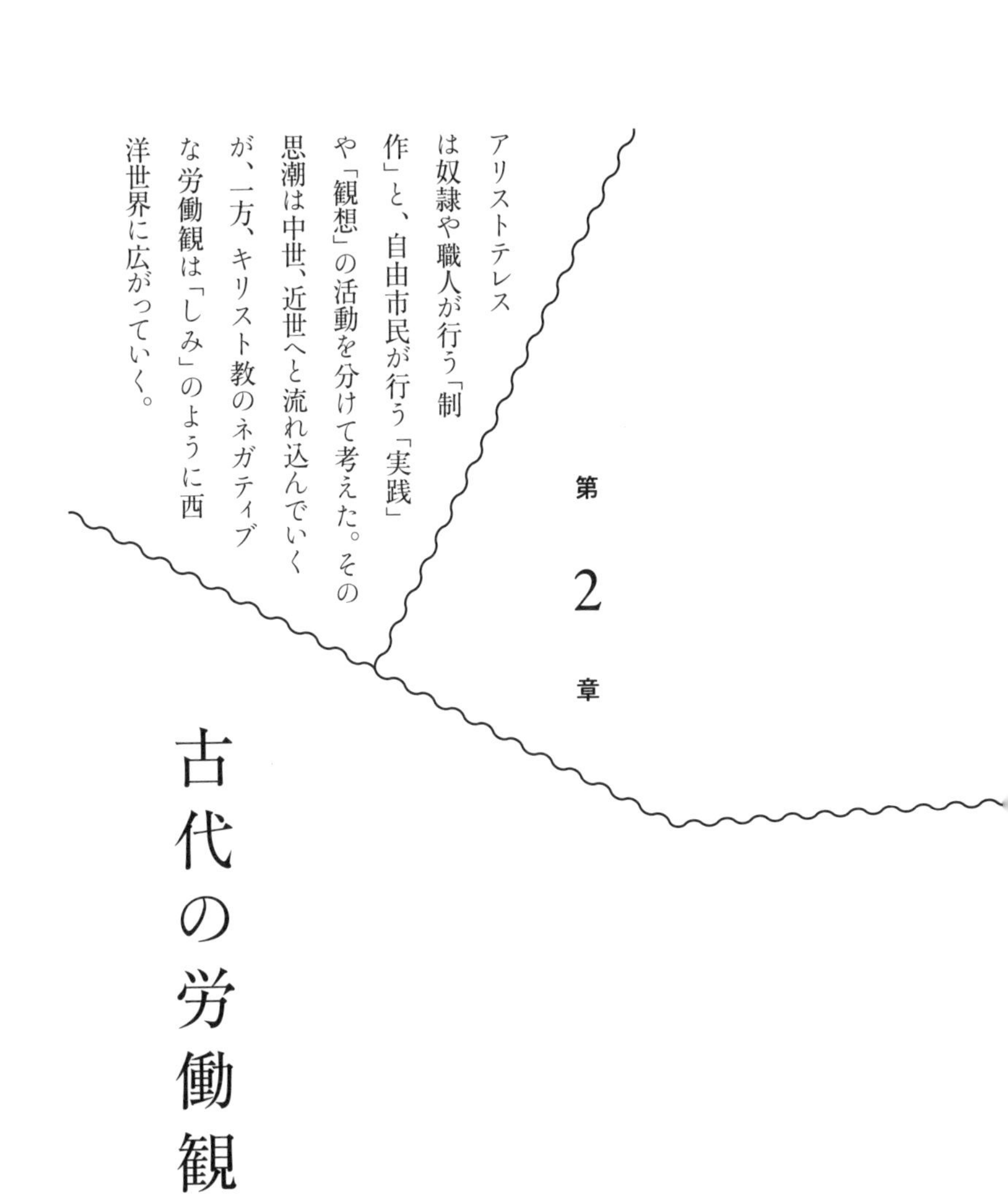

第2章

古代の労働観

アリストテレスは奴隷や職人が行う「制作」と、自由市民が行う「実践」や「観想」の活動を分けて考えた。その思潮は中世、近世へと流れ込んでいくが、一方、キリスト教のネガティブな労働観は「しみ」のように西洋世界に広がっていく。

第1節　古代の社会構造

搾取する国家と民主的な国家

ところで新石器時代の労働は、このように過酷な労働という否定的な性格を顕著にそなえたものであったが、社会構造が変化するとともに、労働のもつ本来は肯定的な側面に注目されるようになる。近代にいたるまでの労働の歴史は、労働にどのようにして肯定的な意味が与えられるかという歴史でもある。

このような変化の基本となるのは、社会的な構造の違いである。古代のメソポタミア、エジプト、中国の社会は、神的な王権が神官層や文人層を媒介として一般大衆を支配するという構造をそなえたものであり、一般大衆は農業労働、労役労働、兵士労働を搾取される存在であった。しかし古代のギリシアの社会は、このような社会とは異なる構造をそなえていた。

ドイツの社会学者**マックス・ウェーバー**（一八六四～一九二〇）は古代の国家形成のありかたとして、大きく分けて民衆の労働を搾取するライトゥルギー（国家奉仕義務）国家と、民主的な性格を帯びたポリスの都市国家の二つの類型を想定している。[1]どちらも最初の出発点としては、新石器時代の村落のように、防壁によって村落を外敵から防衛する自由な農民の共同組織が考えられている。村落を形成する自由な農民のすべてが土地を所有して、この共同組織に参加している。この組織に政治的な長が存在するのは戦争のときだけであり、平時には年長者が助言を行う。

やがてある氏族の長が戦争や裁判で名誉を獲得するようになると、この氏族が優先権をもつようになる。このようにして優先権を獲得した氏族の長は、ほかの氏族を圧倒するかたちで王になる。この王はまだその後の王権のような圧制的な権力は所有しておらず、他の氏族の長と本質的には同格の存在である。たとえば古代ギリシアの叙事詩人**ホメロス**（前八世紀末）の『イリアス』でも、王アガメムノンは同輩の中の第一人者にすぎない。こうした王はやがて自分の氏族のために城塞を構築するようになり、そこに都市に近いものが形成される。王は土地、奴隷、家畜、貴金属の所有で、ほかの氏族に抜きんでている。ギリシアではこうした城塞王政は、豊穣な土地によって地代を徴収でき、貿易によって利潤を蓄積することで成立することが多かったようである。

この城塞王政から二つの道が考えられる。一つの道はメソポタミアやエジプトのように、神官王が経済的な力を蓄積し、従者団と軍事的な権力を支配するようになる道筋である。さらに国民を統治する官僚的な役人身分を作りだす。そして王は統治の正統性を確保するために、宗教的な神話と祭司たちの体系を確立する。都市は王宮のある場所であると同時に、神殿のある場所でもある。軍隊と官僚機構と神官たちのシステムを整備したこの王政から、あるいは独裁的なライトゥルギー国家が生まれることがあるだろう。この社会構造のもとでは、一般大衆はすでに述べたように三種類の過酷な労働を搾り取られることになるだろう。

もう一つの道は、ギリシアのアテナイやスパルタで発生したように、王政のうちから次第に貴族制のポリスが成立する道である。武装した貴族は、土地と奴隷を所有することで、都市のアクロポリスで貴族的な生活を送るようになる。アテナイのような海沿いの平地で地代を徴収できるような立地で、他国と貿易を行って、貨幣を獲得することができると、一定の収入を確保することができ、ポリスが成立することが多い。

この古代ギリシアのポリスの政治的な特徴は、ライトゥルギー国家に必ずそなわっている官僚制をもたないことである。この貴族的なポリスはやがて、アテナイのように重装歩兵のポリスへ、そして民主制のポリスになる場合もあれば、スパルタのように貴族制の特徴を維持しつづけることもある。いずれにしてもギリシアの政治体制はこのポリスの発展の二つの道から生まれてくることになる。

ギリシアにおける労働の肯定性と否定性

この古典古代のギリシアのポリスにおいて、労働は最初は二重の意味をそなえていた。過酷で、身体をすり減らすだけの否定的な「労働」と、手仕事をする職人の技術と能力の表現である作品を作りだす肯定的な「仕事」という二つの性格をそなえていたのである。すでに確認したようにこの二種類の活動の対立は、西洋の労働観の根底にあるものである。ただし興味深いことに、この仕事と労働という言葉そのもののうちにも、肯定性と否定性の二重性が存在する。職人の仕事は自分の才能を発揮して作品を作りだすものであるが、その仕事はときに辛いものであり、身分的にも職人たちは差別されていた。他方で畑仕事の労働は厭わしいものであるが、身体を使って労働することのうちには、ある肯定的な要素も含まれる。たとえば自然と一体になって働く農民の労働は、ポリスが成立する以前のギリシアでも高く評価されていた。

古代ギリシアの詩人**ヘシオドス**にとっては、農耕という営みは、辛い身体的な労働を伴うものではあったが、現代的な観点からみた否定的な労働などというものではなかった。農耕は、神に犠牲を捧げるために必要な穀物を作りだす尊い営みであり、宗教的な行為ですらあったのである。収穫は神の「聖なる賜物」[2]であり、「デーメーテール（豊穣神）の聖なる穀物が、健やかに育ち、重き穂を垂らしたまえ」[3]と祈りながら行う耕作は、神と一体となる儀式ですらあった。

とはいってもすでに確認してきたように、古典古代のギリシアにおいては、食料を確保するというこの労働の営みは卑しいものともされたのだった。身体に栄養を与えるという営みには、二重の意味で劣ったものとしての性格がそなわっていると考えられていたからである。

一つには、この営みはいかなる目に見える「作品」をもたらすこともないものであり、ある意味では「空しい」営みだからである。料理という労働で生み出された食物は、消費してしまえば、跡形もなくなる。料理という労働の目的は、作品が食べられることであって、作ったものが食べられずに残ってしまうことは、料理することのほんらいの目的にはそぐわない。そしてどれほど美味しい料理を作ったとしても、客が食べ終わって、ごちそうさまと言って、テーブルを立ったあとでは、その営みはもはやなかったかのごとくである。

さらにこの営みは、自然の季節的な移り変わりや、人間の身体の維持という必然性に服従するものだった。人間は食べなければ生きてゆけない。穀物を栽培する者は、降雨や日照など、自然の必然的な命令にしたがって穀物を育てなければならないし、調理する者は味の好みや消化しやすさなど、人間の生理的な必然性にしたがって、食べ物を調理せざるをえない。古代のギリシアでは、このような必然性にしたがう営みは、自由な市民にはふさわしくないものとみなされた。だからポリスの自由な市民は、農耕や調理のような「労働」を嫌って、市民として認められていない女性や奴隷に押しつけたのだった。また逆に、立派な成果を残す誇り高い制作の「仕事」も、辛い手仕事に自由な時間を奪われ、身体を酷使するという側面があったために、否定的なまなざしで眺められたのだった。

第2節　古代ギリシアの行為と労働

アレントの分類との違い

このように古代ギリシアでは、「働くこと」は労働と仕事の二つの大きなカテゴリーに分類されることになった。そしてギリシアでは仕事は一般に労働よりも高い地位を認められていたのである。しかしすでに確認したように、労働も仕事も、自然の必然性にしたがわねばならないという意味で、隷属的な性格をそなえていた。

アレントは人間の行為を労働と仕事と活動の三種類に分類していたが、古代のギリシアではもう少し別の分類が考えられていた。アリストテレスは人間の行為の営みを、行為の対象との関係という観点から、大きく三種類に分類する。制作（ポイエーシス）、実践（プラクシス）、観想（テオーリア）の三つである。これらの営みは、「それ以外の仕方においてあることができないもの」を対象とする行為であるか、「それ以外の仕方においてあることができるもの」[4]を対象とする行為であるかという違いによって区別されている。言いかえると、存在のうちに必然性をそなえているもの、すなわち天体のように「永遠なるもの」[5]を対象とする行為であるか、自然の産物のように偶然性をそなえているものを対象とする行為であるかの違いである。

偶然性をそなえているものを対象とする行為は、制作と実践である。制作（ポイエーシス）の場合には、人間は自然の事物に手を加えて何かを作りだすのであり、それぞれの事物のありかたという偶然性にふさわしいかたちで、対象に働きかける必要がある。この制作の営みには「労働」と「仕事」の両方が含まれる。

これにたいして実践（プラクシス）は、人間が他者とのあいだで行う行為であり、道徳的な行為や思慮などの活動もここに含まれる。この行為は他者との関係という偶然的な要素を含むものであり、その代表が政治活動である。ポリスの市民は、定期的に開催される民会に出席することを義務づけられていた。そして民会で、アテナイの政治的な方針を決定したり、裁判を行ったりしたのである。この実践と制作の大きな違いは、制作は何かを作りだすという目的をもっているが、実践はそうした別の目的をもたず、行為そのものが目的となっていることである。アリストテレスは「制作の場合はその目的とするところが、制作ということ自身とは別に存在しているが、実践の場合には、こうしたことはありえない。よくやること、それ自身が目的なのである[6]」と説明している。

一方で観想(テオーリア)とは「それ以外の仕方においてあることができないもの[7]」すなわち必然的で永遠のものを対象とする活動である。これは天体などを眺めて、その運行の規則を調べたりする行為であり、そこから生まれるのが個々の学問(エピステーメー)であり、個々の理論(テオーリア)なのである。アリストテレスは、「エピステーメーは普遍的なもの、必然的なものを対象として、これについて行われる理解である[8]」と説明している。

アレントの分類における労働と仕事は、アリストテレスの分類では制作としてのポイエーシスのうちに含まれることになる。アリストテレスの場合にはこの二つはとくに分けられていないのである。これにたいして活動が実践としてのプラクシスに相当する。アリストテレスはそのほかに、自然とも他者とも完全に独立した自律的な活動として、思想的な活動としてのテオーリアを規定していた。これは神や天体について、そして人間のさまざまな活動について考察する営みである。自然や他者は、わたしたちの外部にあって、偶然的なものであり、わたしたちの力の及ばないものであるが、これにたいして何かを考察する営みは、わたしたちが自由に行うことができるものであり、偶然的な要素に左右されないと考えることができる。

三種類の人間像

このように、アリストテレスによると人間の行為は大きく「制作」「実践」「観想」の三種類に分類される。奴隷や職人は、自然の事物や人間の生活にかかわる「制作」に従事する。これにたいして自由な市民はポリスの公的な事柄を担う政治において「実践」に従事するか、さまざまな事物について、人間について、神について必然的な事柄を認識する「観想」に従事することになる。このように自由な人間の生としては、ポリスで市民として活動的な生（ウイタ・アクテイウア）に従事するか、必然的なものについて観察する観想的な生（ウイタ・コンテンプラテイウア）に従事するかのどちらかに分類されることになる。アレントはこのうちの制作の営みをさらに労働と仕事に分節して考察していたわけである。

アリストテレスのポイエーシスの概念では労働と仕事は明確には区別されていなかったが、現実のポリスの生では、作品の残る職人の仕事のほうが、働いた成果が残らない奴隷の労働よりも高く評価されていた。また自由な市民の行うプラクシスとテオーリアとのあいだにも、上下関係が成立した。「それ以外の仕方においてあることができるもの」を対象とする活動的な生としての政治よりも、「それ以外の仕方においてあることができないもの」を対象とする観想的な生としての思索や瞑想のほうが、自由人にふさわしい尊い活動だとされた。

こうして人間の行為のうちに労働と仕事、公的な営みと活動、思索と観想という階層関係が成立する。これに合わせて三種類の人間像が生まれる。これらは、労働に従事する奴隷と仕事に従事する職人、活動に従事する政治家、思索に従事する哲学者であり、そのうちでは労働がもっとも卑しい営みであり、思索がもっとも望ましい営みであるとみなされることになる。

この三種類の人間像は、その後の西洋の社会では聖職者、戦士、農民という三つの階級として表現されることが多かった。第一階級として宗教活動に従事する聖職者が哲学者に該当し、第二階級として戦争に従事する戦士が政治家に該当し、第三階級として食料や日常品の生産に従事する農民が職人と奴隷に該当する。この階級構造はフランス革命まで、第一身分、第二身分、第三身分として明確に維持されていたのである。

古代インドでは、バラモン、クシャトリア、ヴァイシャ、シュードラの四つの階級が定められていた。バラモンは聖職者と教師、クシャトリアは為政者と戦士、ヴァイシャは土地をもつ農民、シュードラは「奴隷、職人、農業労働者として再生族（上位の三つの階級）に奉仕することが求められた[9]」人々である。ここでも第一身分のバラモン、第二身分のクシャトリア、第三身分のヴァイシャとシュードラの区別を認めることができる。

なお近代以降は、人間のすべての活動が仕事という観点からみられるようになった。畑を耕す労働は農民の仕事、工場で自動車を作る労働は労働者の仕事、政治活動に従事するのは政治家の仕事、観想と思索にふけるのは学者の仕事であるとみなされるようになった。そして誰もが自分たちの仕事で生活の糧を得ているのである。しかし近代以前には、人間の活動の質的な違いは明確に意識されたものの、すべてを生活の糧を得るための仕事とみなすことはなかった。

第3節 ヘブライの社会と労働

聖書と労働

古代においてこのように労働にたいして否定的な厳しい視線が向けられたのは、ギリシアに限られたものではなかった。ユダヤ教からキリスト教につながる伝統、すなわち西洋の社会の土台となる宗教の伝統においても、このようなまなざしは貫かれていた。

「旧約聖書」に描かれた楽園においては、人間の労働は辛いものではなかったようである。神は「土を耕す人もいなかった[10]」ので、人間アダムを創造した。「主なる神は人を連れて来て、エデンの園に住まわせ、人がそこを耕し、守るようにされた[11]」。さらに神はアダムが「独りでいるのは良くない。彼に合う助ける者を造ろう[12]」と、女性であるエバを創造した。この楽園には「食べるに良いものをもたらすあらゆる木[13]」が生えていて、二人は善悪の知識の木を除くさまざまな種類の木から、果実をもぎ取って自由に食べることを許された。二人は、神に命じられた労働をしながらも、きわめて豊かに安楽に暮らしていたのである。

しかしアダムとエバは、蛇の誘惑に惑わされて、「目が開け、神のように善悪を知るものとなる[14]」ことを望み、神に逆らって、禁じられた善悪の知識の木の実を食べてしまう。怒った神は人間に辛い労働を与えることにする。「お前のゆえに、土は呪われるものとなった。（中略）お前は顔に汗を流してパンを得る／土に返るときまで[15]」。こうしてユダヤ・キリスト教の伝統では、「労働とは神の力によって人間に課せられた〈罰〉[16]」となったのである。

労働が罰であるという伝統的な否定的な見方は、労働のもっていた自然との一体感や、しっかりと身体を使って労働したあとの快い疲労感、人々とともに労働することの喜びのような肯定的な要素を否定し、西洋の労働観の背後に〈しみ〉のようにこびりつくことになる。

第3章

中世の労働観

キリスト教においては、原始キリスト教の状態に戻ろうとする動きが繰り返し現れた。中世でそれを担ったのが修道院である。卑賤視されてきた労働が、日々の精進として重要視され、価値観の大転換が起きる。ほかの罪深いものとされた職業も、労苦の大きさにより評価されるようになった。

ヌルシアのベネディクトゥス

Benedictus de Nursia
ca.480-547

イタリアのヌルシア生まれの修道士。529年頃、モンテ=カシノに修道院を建設し、労働と精神活動についての修道会則を定める。7世紀頃には、すべての修道院において、ベネディクトゥス戒律を準拠することが定められ、中世ヨーロッパ修道院制度の基礎を築いた。

ソールズベリーのジョン John of Salisbury 1115/1120-1180

イギリスのスコラ哲学者。カンタベリー大司教の秘書を務めたあと、シャルトルの司教を務める。12世紀ルネサンスの時代を代表する知識人として、哲学史や君主論などさまざまな著作を残す。

カエサリウス Caesarius 468/470-542

フランスの司教。女子修道院の戒律『修道女のための戒律』を著し、聖務日課である祈りと労働について、また衣服や装飾品などの細かい規律を説いた。また自身でも女子修道院を建立した。

ヨハネス・カッシアヌス Johannes Cassianus 360-435

フランスの修道士。修道生活の規則と8つの悪徳（暴食、強欲、色欲、傲慢、憤怒、羨望、無気力、自慢）への心構えを説いた著作群で知られ、修道院の規則を定めたヌルシアのベネディクトゥスに大きな影響を与えた。

ジャック・ル・ゴフ Jacques Le Goff 1924-2014

フランスの歴史家、中世史家。事件や大人物を中心とした伝統的な歴史学にたいして、民衆の生活文化とその社会に焦点をあてることを訴えたアナール学派のひとり。著作にルイ9世の歴史学的伝記『聖王ルイ』などがある。

第1節 修道院と労働

奇妙な混淆

このように、西洋では古代から人間の行為について、労働と仕事、活動、観想という階層構造が形成され、維持されたが、この伝統のうちでも中世のキリスト教社会において奇妙な混淆が発生する。キリスト教の聖職者たちのうちの最上位の観想に従事すべき人々が、同時に最下位の労働に従事するようになったのである。これはインドではまるでバラモンがシュードラの労働に従事するような倒錯した事態であり、考えられないことだった。この転倒した事態を生み出したのが、修道院という制度である。

この制度は、教会の制度がイエスと原始キリスト教の本来の精神を失って堕落したとみられたために、それを改革しようとして生まれたものだった。ごく最初期にエジプトで、のちの修道院を創設する端緒となった人々は、「野菜畑や小さな田野を耕し、シュロの枝や葉で訪問者たちに売る籠を作ったり」[1]して、素朴な信仰生活を営んでいた。「彼らの時間は、祈り、労働、読書、そして書物の暗記のために費やされた」[2]のである。また服従の精神を養うために、ほとんど無意味な労働を命じられることもあった。

労働の思想にとって重要な影響をもたらしたのは、この修道院という制度において、宗教者、戦士、農民の奇妙な混淆が発生したことである。修道士たちは何よりも哲学者を兼ねる宗教者である。祈ることと読書が主な勤めである。中世において知識が伝達されたのは修道院を通じてであり、中世社会に読み書きのできる人間を供給したのは、なによりも修道院だった。

また修道院の僧たちはときに戦士となった。修道士たちは「キリストの軍隊」の理念のもとで、騎士団を結成し、戦闘に赴いた。テンプル騎士団、聖ヨハネ騎士団、ドイツ騎士団などはその勇猛さと蓄積した富の大きさで有名になった。イギリスのスコラ哲学者である**ソールズベリーのジョン**（一一一五／一一二〇〜一一八〇）は、キリスト教的な騎士の理想を次のように語っている。「ところで騎士に叙任された者はどんな奉仕をなすのか。教会を保護し、不誠実と戦い、司祭職の栄誉を高め、貧者たちにたいする不義を取り除き、国土に平和をもたらし、自分の兄弟のために血を流し、必要とあらば生命を捧げること、これが彼らの奉仕なのである」[3]。修道士たちは祈るだけでなく、血を流して教会と人々のために奉仕することが求められたのである。このようにして西洋の職業的な類型の第一階級の聖職者が、第二階級の戦士の地位を兼ねることになった。しかし何よりも重要な混淆をもたらしたのは、修道士たちが卑しい労働に従事したことであり、第一階級の聖職者が、第三階級の農民の労働に従事するようになったことである。

労働の意味の変容

このことによって身体の労働に、精神的な意味が与えられたことが、労働の思想史において重要な意味をもたらすことになった。修道士たちにとって、労働に従事することにはいくつもの重要な意味があった。そもそも労働するということは、イエスの生涯と精神を真似ることを目指す修道士たちにとっては、もともとは考えられないことだった。イエスは労働などはしなかったからである。修道士たちにとっては命令されなければ、労働に従事する必然性はなかった。むしろ労働するということは、上司に命じられたことに従順にしたがうという意味をそなえていた。労働するということは服従の精神を示すということだった。

アルルの貴族出身の司教**カエサリウス**（四六八／四七〇〜五四二）の『修道女のための戒律』は、修道女たちにとって、労働が服従の精神を培うものであることを繰り返し指摘している。「誰も、ある労働や手仕事を、自分が気にいったからという理由で選ぶことはできず、有用であると判断した仕事を命じるのは、長上の裁量に任される[4]」。修道女たちは、「手仕事の作業を通じて自分たちの一日をはたすことを、謙遜をもって受け入れ、大いなる勤勉をもってそれを成し遂げようと務めなければならない[5]」。修道院での仕事はその成果を得るためではなく、何よりも服従の精神を植えつけるために行われるのである。

さらにこの苦しい労働の営みは、修道士に自己への固執を放棄することを教え、それによって清らかな精神を実現するための重要な手段とみなされた。労働に従事することは、魂を清め、救済の道を進むために必要なこととされたのである。ここにおいて身体を苦しめる労働のもつ予想外の効用が発見されることになった。とくに自然のうちで農耕作業に従事することは、心を洗い清めてくれるような経験を積むことだった。

修道院の歴史における重要な思想家として四世紀に活躍した**ヨハネス・カッシアヌス**（三六〇〜四三五）は、修道士の目標は天の国に赴くことであるが、それには「心の清さ[6]」が必要であり、修道院のすべての営みは、修道士においてこの心の清さを実現することにあると考えていた。そしてこの心の清さという必須の状態を実現するため、労働に象徴される労苦が何よりも重視されたのである。「そのためにこそ私たちはすべての労苦を、たんに退屈することなくというだけでなく、実際に喜んで引き受けるのである。だから、私たちは断食の空腹にも疲れることなく、徹夜の疲労をも楽しみ、また、絶え間のない聖書の読書と黙想で満足することもない。そして絶え間ない労働と自己放棄やすべての物質の欠如や途方もない孤独の恐れも、私たちにとって恐怖とはならないのである[7]」。

この修道院での仕事が、その仕事の成果を目指してではなく、修道士に自己の放棄と服従の精神を培養するために行われるべきであることは、仕事が巧みであるためにそれを誇るような修道士は罰せられることからも明らかである。西方世界で修道院制度を創立した**ヌルシアのベネディクトゥス**（四八〇頃～五四七頃）が定めた有名な修道院の戒律では、優れた技術をもつ修道士について次のように定めている。「彼らのうちに、自分がなんらかの利益を修道院にもたらしていると考え、その技工に関する専門知識について傲慢になる者がいたならば、その技工を活用することをやめさせ、彼が自らへりくだり、修道院長が再び許可を与えるまでは、再度その職に戻ることを許してはならない[8]」。労働の成果の大きさよりも、過酷な労働のうちで自尊心を放棄することが重視されたのである。

このようにして修道士たちはみずからの魂のために労働に従事したのだった。ベネディクト修道院では、「日常の仕事をキリスト教徒の務めとして行うという新たに強い義務を加えた。肉体労働を日に少なくとも五時間はすることを定めたのである[9]」。そうすることで、「肉体労働は、精神を伴わない、卑しい、辛い、不愉快なものではなくなった[10]」のだった。修道院での労働はこのようにして、否定的なものとみなされていた労働にもともとそなわっていた肯定的な側面を再発見するための導きの糸となったのである。

労働のもたらす利点

修道院での労働には、このような労働の肯定的な価値の再発見という利点だけではなく、そのほかにもいくつもの利点がそなわっていたことに注目しよう。第一に、修道士たちに服従の精神によって労働させることで、修道院は自立した経済的な基盤を確保することができた。修道士たちの農耕の営みによって、修道院は食料を自給できた。裕福な貴族からの喜捨に頼らずに生活を維持できることは、修道院の精神的な独立を維持するためには重要なことだった。

第二に、修道士たちの労働は時計による一日の規則的な規律にしたがって遂行された。修道院で改良された時計は、外部に伝達されて日常的に使われるようになる。それだけではなく、「町全体が時計塔の音に活動を合わせる」[11]ようになったのである。このような生活の規律化は、のちの資本主義の社会における生活と労働の規律化の基礎となるものだった。

第三に、修道院の規律化された労働は、それまでの労働にそなわっていたさまざまな否定的な側面を解消するという効果を発揮した。修道士たちの労働は「労働の細分化、階級的搾取、差別、大量強制と奴隷制、生涯に一つの職業や役割の固定化、中央集権的な制御」[12]など、労働にまつわるさまざまな負の要素を取り除く画期的な意味をもっていた。

第四に、服従の精神と規律にしたがうものではあっても、他者に強制されて行うという奴隷的な性格をもたない修道院の労働は、修道士たちの生活そのものに規則正しさと均衡をもたらすものだった。また労働そのものと労働の成果は、修道士たちのあいだで公平に分配された。「修道院のそれぞれの強健な成員は、働く義務を等しく負い、仕事の報酬の分け前を等しく受けた」[13]。これはすべての成員のあいだの平等の精神を培うものだった。さらに医療や看護などの手当も完備しており、「修道院は〈福祉国家〉の初期の典型であった」[14]のである。

このように修道院の外部からみると修道士の労働は、労働という営みの価値を全体として向上させるものだった。フランスの歴史家の**ジャック・ル・ゴフ**(一九二四～二〇一四)はこの事情について、「もっとも高度に完成されたキリスト教徒である修道士が、労働に専念するという事実そのものは、その社会的・精神的な威信を、労働という活動に跳ね返す。修道士が労働に向かう光景は、労働の評価の方向で、同時代の人々に深い印象を刻む。労働に服する修道士が、労働の価値を高める」[15]結果をもたらしたと説明している。

修道院における技術開発

さらに修道士の労働のもたらす重要な産物として注目されるのは、修道院においてさまざまな技術的な発明が行われたことである。たとえば粉を挽く水車の発明は、当時の人々には「修道士の技巧の一例である以上に、ほとんど超自然的で、半ば魔術的な知の証拠と映った」[16]ほどの巧みなものであり、人々を驚かせたのだった。

このような修道院で発明された道具類は、農業の生産性を著しく向上させることになった。

それだけに、こうした道具は貴重品として扱われた。ベネディクトゥスの戒律では、修道院の所有する道具類を聖なるものとして大切に扱うことを求めている。「修道院のすべての備品および所有物は、祭壇の聖具であるかのようにみなし、何ものも粗末に扱ってはならない[17]」とされていたのである。

修道院の院長だったベネディクトゥスについて、修道士が誤って湖に落とした鉄の農具を取り戻した奇跡が語られている。ある修道士が修道院から「ファルカストゥルムと呼ばれる鎌のような鉄製の道具を与え[18]」られ、草刈りをしていた。ところが力が余って、「鉄の刃が柄から飛び出して湖に落ちてしまった。非常に水の深い所だったので、道具を拾える望みはとうていなかった[19]」。絶望した修道士が懺悔をすると、ベネディクトゥスがやってきて「柄を受け取り、湖に放り込んだ。するとたちどころに柄に治まった鉄の刃が湖の底から浮かび上がってきた[20]」のだった。この奇跡は中世を通じて語り継がれることになるが、これは労働の道具というものが修道院においてどれほど価値の高いものとみなされていたかをまざまざと示している。

第2節 新たな展開

一二世紀頃の中世社会の発展

このようにして修道士たちの労働を通じて労働の価値が認められるようになる上でもっとも重要な影響をもたらしたのは、十字軍を経験したのちの中世社会において著しい発展が生じたことである。この時期に、農業生産力が向上し、人口が増大し、商業と貨幣経済が発達し、都市が活力をもつようになった。西欧社会は一二五〇年頃までは基本的に自給自足経済であったが、それ以降は生産性の向上によって農産物が商品化される「農産物の間接消費」の段階に到達[21]した。このようにして西洋社会において、一二世紀ルネサンスに象徴されるような大きな文化的な革新が可能となったのだった。ジャック・ル・ゴフによるとこの革新は、労働の価値に関連して、三つの次元で新たな展開を招いた。「告解制度の発展、労働についての観念の発展、そして社会構造の図式の発展[22]」である。

第一の「告解制度の発展」については、一二一五年のラテラノ公会議においてすべての信徒たちが、年に一度は告解を行うことを義務づけられたことが重要である。この告解において信徒たちは、自分の日々の活動において犯した小さな罪まで、告解することが求められた。そうした活動の重要な側面の一つが労働だった。「掛けで売ることは合法か否か」とか「日曜日に畑で耕作したり市で売ることは合法か否か[23]」という問題は、重要な「良心の問題」として問われ、これに背した行為は懺悔することを求められた。

この頃にはすでに民衆は、さまざまな職業に就いて生活しており、それぞれの職業ごとに、告解すべき問題が定められていた。そして「キリスト教徒は本質的にその職業との関連でみずからを定義する[24]」ようになっていたのである。この時代からすでに、その人がどのような人であるかは、どのようにして生計を立てているかによって規定されるようになる。労働がその人の基本的な規定となり始めていたのである。

第二の「労働についての観念の発展」は、こうした職業の発展と結びついていた。中世においてはキリスト教の教会は、信徒たちが従事する職業のうち、特定の職業を「卑しい職業」として分類していた。そのような「卑しい職業」は主として、キリスト教の教義で罪とされる営みにかかわる職業が多かった。七つの大罪は、高慢、貪欲、嫉妬、憤怒、色欲、貪食、怠惰とされるが、これらの罪とかかわる仕事はどれも卑しめられていた。貪欲の罪を犯しがちな仕事として、商人、両替屋、税関役人など、商業と貨幣にかかわる職業が軽蔑されたのは分かりやすいが、別の意味で弁護士、公証人、裁判官も貪欲になりがちだとして軽蔑された。色欲の罪を犯しがちな仕事として、宿屋の主人、大道芸人、女衒(ぜげん)、売春婦などが軽蔑されることになった。貪食の罪との関連では料理人の仕事が軽蔑され、怠惰の罪との関連では乞食が軽蔑された。

しかしこれらのほとんどすべての職業も、一二世紀以降はその正当な価値を認められるようになった。その裏づけとなったのが、その職業を営む際に必要とされた労苦の大きさであり、労働の辛さであった。辛い労働を強いられる職業には、それなりの報いが与えられるべきだと感じられるようになったのである。「労苦、労働そのものが正当化の理由となる。労働は侮辱の理由、劣等性のしるしにとどまっているのではなく、いまやメリットになる」[25]のだった。これが「労働は報酬に値する」という考え方と、「労働に基づく職業は正当である」[26]という考え方を生みだすことになる。これは労働そのものに価値が認められなければ不可能なことであった。

第三の「社会構造の図式の発展」については、この時期に西洋の社会は大きな転換期を迎えていたことが注目される。「農業の進歩と人口増大によって保証された遠隔地貿易の再興や都市の飛躍、続いて種々の職業への労働の専門分化、これらは社会的流動性を生みだし、その結果として、心性や霊性における変化がもたらされたのである」[27]。

ただしこの時代はまだルネサンス的な個人の時代ではない。人々はまだ、自分の個性や人格によってではなく、自分が営む職業によって自己のアイデンティティを獲得していた。人々は「彼がその一部をなす職業団体を通じて、彼が身を捧げる職業を通して、自分を意識するにいたった」[28]のだった。

修道院の富の蓄積

このような中世の社会における労働の価値評価の上昇と、すでに考察したような修道院における労働の営みの重視によって、労働の地位は大きく向上することになった。しかし修道院での労働は、本来は意図されていない奇妙な逆説を発生させることになった。イエスの貧しい生活にならい、それを反復するために人々が集まって暮らしている修道院で、人々が魂の救済のために従事した労働が、もともとは望まれてない富を生み出す結果となったのである。

修道院は好んで荒れた土地、耕すこともできないような荒蕪地に建設されることが多かった。たとえばシトー派の修道院の成立の状況をみてみよう。シトー派の人々はもともとはクリュニーの修道院に属していた。そもそもクリュニーの修道院は、世俗的な権力と結びついた教会のありかたに飽き足らない人々が、イエスのような暮らしをしたいと考えて設立したものだった。しかし信徒の寄付と遺産相続によって、やがてこの修道院は巨大な富を築くようになる。

このクリュニーの修道院の世俗的なありかたに失望して、一一世紀末に二一人の修道士たちが、荒れ地の「木やイバラを切り倒して[29]」、シトー修道院を建設したのだった。彼らは「俗世間からの分離、物質的な利益および放縦からの解放」を目指した。しかしこの修道院もまた、「購入と贈物によって財産を増やし、苦心の開拓によって資本を蓄積[30]」するようになり、やがては世俗社会の一部になってしまう。

修道院の歴史では、ほとんどつねにこの逆説が反復される。富を蓄積することによって堕落した修道院に反発して生まれた新たな修道院も、やがては経済的に繁栄するようになる。「ベネディクト会の修道院は栄え、その余剰の生産物を、ヨーロッパ中のその会の他の施設と取り引きした。そしてさらに資本の大部分を、いっそう厳かな教会堂やその他の建物に投資して、より敏感なキリスト教徒の非難を受けたほどであった[31]」。修道士たちは「辺境での土地の開墾」と「大規模な田園農業を実行[32]」することで、巨大な富を蓄積してしまい、世俗化する。そしてこれに飽き足らない修道士たちがそこから独立して、別の修道院を建設し、そこで禁欲的な労働に励む。しかしこれがまた富を蓄積させ、内部に腐敗をもたらすのである。

労働は苦痛なものであるという性格のために、禁欲の手段として、魂を浄化する方法として実行されるが、それが富をもたらしてしまうために、修道院の本来の使命を忘却させるにいたる。労働が辛いもの、否定的なものだからこそ、禁欲の手段として採用されたのである。しかし修道士が自分の身体を痛めつづけながら禁欲を強めるほど、その禁欲のそもそもの目的を覆すような副産物として富を生むのだった。そしてこの皮肉な歴史は、近代にいたってまた別のかたちで再現され、そこから資本主義のエートスが生まれることになる。

ジャン・カルヴァン

Jean Calvin
1509-1564

フランスで法律家の子として生まれる。宗教的弾圧が強まりスイス・バーゼルに亡命。神の絶対的な主権を強調し、人間の行いにかかわらず神の救済に与る者は予め決まっているという予定説を主張し、ジュネーヴで宗教改革を推進。厳格なキリスト教信仰による統治を行った。

第4章

宗教改革と労働

――近代の労働観の変革（一）

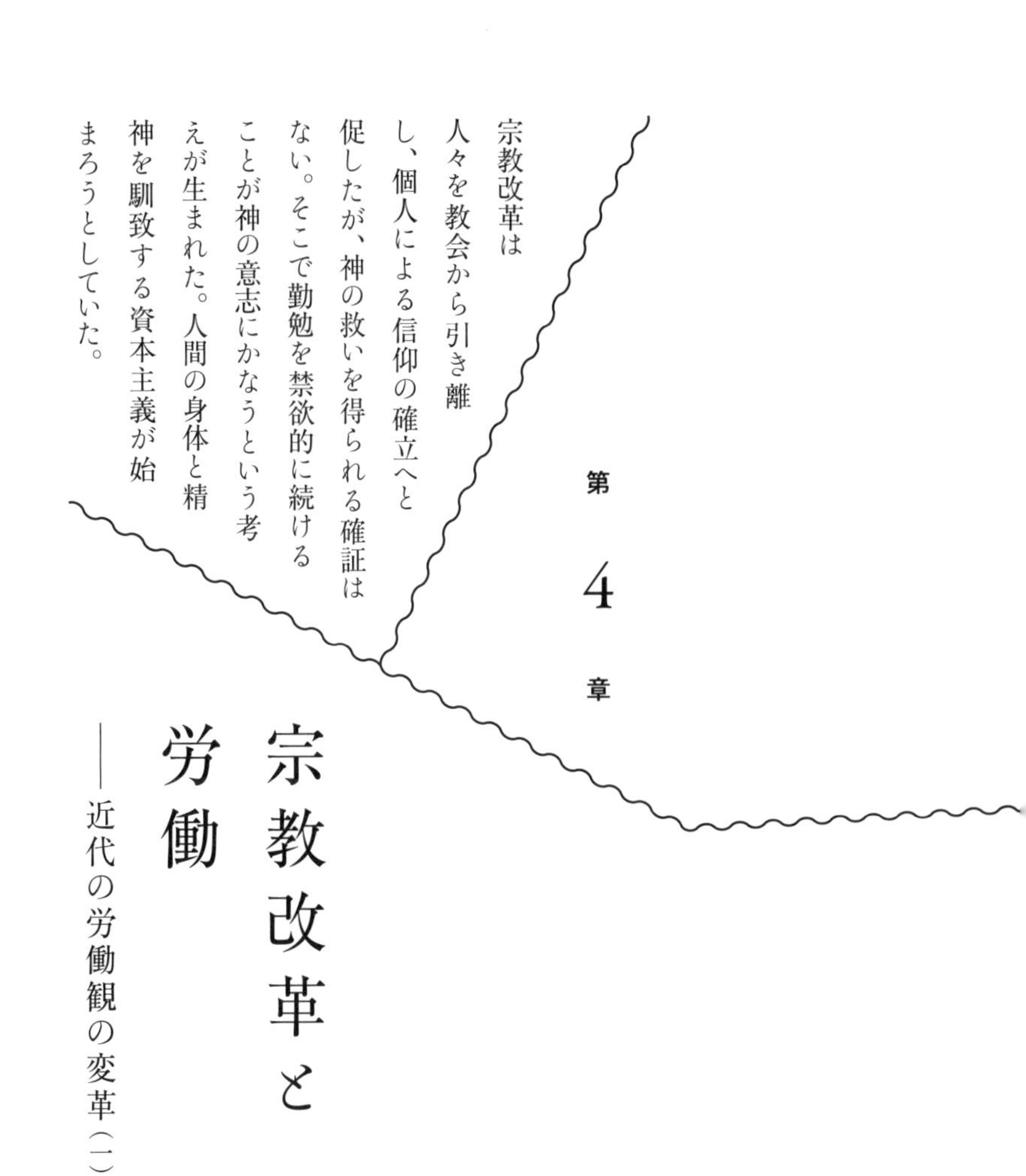

宗教改革は人々を教会から引き離し、個人による信仰の確立へと促したが、神の救いを得られる確証はない。そこで勤勉を禁欲的に続けることが神の意志にかなうという考えが生まれた。人間の身体と精神を馴致する資本主義が始まろうとしていた。

ジョン・ウェスレー John Wesley 1703-1791

イングランド国教会の司祭。救いの確証を求めて、聖化された完全な生活を目指す生きた信仰を求め、宗教運動を始める。敬虔な生活を送るために厳格な戒律(メソッド)を重んじることから、信者はメソジストと呼ばれる。

ベンジャミン・フランクリン Benjamin Franklin 1706-1790

アメリカの政治家、著述家、科学者。アメリカ独立宣言を起草したひとり。自伝で、勤勉、倹約、誠実といった13の徳目を身につけた者が社会的に成功すると説き、アメリカ資本主義の育ての親と称される。

リチャード・バクスター Richard Baxter 1615-1691

イギリスの説教師。イングランド国教会に疑問を抱き、ピューリタン(清教徒)として活動。よい信徒を育てることが国家、社会の形成につながると、説教と規律を重んじた教育、信徒の教化に情熱を注いだ。

ミシェル・フーコー Michel Foucault 1926-1984

フランスの思想家。西洋社会における権力の構造を題材に、社会から排除されてきた狂気の復権を提唱する『狂気と歴史』、国家権力の集中機構としての監獄の監視・管理する技術を解明した『監獄の誕生』などを著す。

ジェレミー・ベンサム Jeremy Bentham 1748-1832

イギリスの哲学者、経済学者。最大多数の最大幸福を原理とする功利主義で知られる。犯罪者の幸福が社会の幸福につながるとし、刑務所運営の効率と収容者の福祉を両立する監視システム、パノプティコンを提唱した。

序　近代の労働思想の諸側面

近代の労働思想の三つの局面

中世において労働の意味についての考え方が変動し、苦痛な労働というものが、それが苦痛で人がやりたがらないものだという理由で、価値のあるものとして認められてきたことは、すでに確認したとおりである。しかしたんに労働が価値のあるものとして容認されるだけでは十分ではなかった。資本主義的な市民社会が確立されるためには、否定的な刻印がまだ残る労働についての考え方が根底から覆される必要があった。資本主義が開花するためには、労働そのものが肯定的なものとして積極的に評価される必要があったのである。労働そのものにたいする評価が向上するのと並行するかのように、資本主義と市民社会の時代である近代の幕が開ける。このような労働の評価の変動こそが、近代という時代が到来するための重要な条件だった。近代の黎明とともに、主として次の三つの局面で、労働の意味が新たに考え直されるようになった。

第一は宗教的な局面であり、宗教改革は労働の価値評価に重要な変動をもたらした。**マルティン・ルター**（一四八三～一五四六）と**ジャン・カルヴァン**（一五〇九～一五六四）による宗教改革は、そしてその後のプロテスタントの諸宗派の活動は、それまでのカトリックの修道院における労働の肯定的な評価とは異なる観点から、労働を聖なるものとすることに貢献したのである。第4章ではこの問題を考察することにしよう。

第二は経済学的な局面であり、国家の富を増大させるという経済学にとって重要な課題を実現するために、経済の理論はすべての商品の価値を労働に求めるようになってゆく。**アダム・スミス**（一七二三～一七九〇）に始まる労働価値説の理論については、第5章で考えてみよう。

第三は哲学的な局面であり（思想的な転換は最後に訪れることが多いのである）、人間にとって労働することそのもののもつ意味が重視されるようになっていった。**トマス・ホッブズ**（一五八八～一六七九）から**イマヌエル・カント**（一七二四～一八〇四）にいたるまでの哲学者においては、主として社会契約論の枠組みで、国家や社会の形成における労働の意味が新たに考え直されることになる。さらに**ゲオルク・ヴィルヘルム・フリードリヒ・ヘーゲル**（一七七〇～一八三一）においては、労働の人間学的な意味が重視されることになる。このホッブズからヘーゲルにいたるまで、近代の哲学において労働がどのように考察されたかについて、第6章でまとめて考察することにしよう。

これらの三つの側面を統合するかたちで登場したのが**カール・マルクス**（一八一八～一八八三）とフリードリヒ・エンゲルス（一八二〇～一八九五）の労働論であり、これについては第7章で検討することにしたい。さらに近代においては、新石器時代の菜園における労働のように、自然と一体になった楽しい労働の伝統を受け継ぐ思想が新たな装いのもとで登場する。第8章ではこの労働の喜びの哲学についても簡単に考察することにしたい。

第1節

宗教改革と労働

教会から個人へ

近代のヨーロッパの市民社会を構築する上で重要な役割をはたしたのが宗教改革だった。ルターがきっかけとなって始まった宗教改革は、伝統的な教会が世俗化し、富を蓄積することを目的とするかのようになっていたことを疑問とするものだった。そして信徒と神のあいだに介在する教会のような組織と、神からの赦しを信徒に請け合う司祭などの聖職者のありかたを否定して、すべての信徒が神と直接に向き合い、自立した信仰者となることを目指したのだった。

この宗教的に自立した個人の理念は、伝統的な身分制度に依拠していた中世の封建的な社会のありかたを根底から否定するものだった。伝統的な共同体も教会の組織も、その破産が宣告されたのである。これからは、聖職者によって魂を救済してもらうのではなく、個人がみずからの力で魂の救済を確保しなければならなくなった。

労働を通じた救済

それでは個人はどのようにして自分の魂の救済を確保することが、自分が救われていると確信することができるのだろうか。カトリックではそのために教会の組織が存在したのであり、教会の教義で精密な手段が定められていた。司祭にたいする罪の告白と司祭による赦しによって、あるいは免罪符を購入したり、教会に寄付することなどによって、信徒たちは自分が死ねば天国にゆけると安心していることができたのである。しかし宗教改革によってそれがすべて否定された。しかもプロテスタントの信徒たちは、個人の業績や知識や信念などのすべての価値を否定して、ただ神の意志に沿って生きることだけを目指して、生活するようになった。神以外の現世の事物はすべて空しいものであり、こうしたものに価値を与えるのは、被造物を神の地位に高めることであると考えたのだった。

そのため信徒たちは、禁欲によって生活を合理化し、与えられた仕事を使命とみなし、ひたすら神の栄光を高めることを目指した。「神の思召にもとづいた目的だけに徹底的に集中し、禁欲的倫理を仮借のないまでの実際的な合理主義で支え、主観を滅却した経営と管理」[1]を重視し、生活を規律するという方向に向かったのである。そこから、「資本主義的企業家にとって不可欠な〈倫理的な〉資質と、信心深い労働者の格別な労働意欲」[2]が生まれたのだった。労働そのものに価値があるのではなく、労働することで結果として生まれる禁欲的な生活に価値が認められたのだった。これによって、神の業に携わる聖職者を最上位とし、辛い肉体労働をする労働者を最下位とする伝統的なキリスト教社会の階層構造が崩れ始めたのである。

ルターと召命の思想

マックス・ウェーバーは、宗教改革の創始者である**マルティン・ルター**（一四八三～一五四六）において初めて、それまでは神に召されること、すなわち聖職者としての生活を過ごすことを意味した召命（ベルーフ）というドイツ語が、天職としての職業を示すために使われたことに注目している。「〈召命〉という語はラテン語の伝統的な用法では、神が人々を聖なる生に、とくに修道院での生活や聖職者としての生活を過ごすように〈召した〉ことを指すために使われてきたが、こうした教義の影響で、ルターにおいて世俗内的な〈職業〉がこうした［召命としての］色彩を帯びるようになったのである」[3]。

人々が修道院で暮らすような俗世を離れる宗教的な生活を送るのではなく、さまざまな世俗

マルティン・ルター
Martin Luther
1483-1546

ドイツの鉱夫の家に生まれる。雷雨に襲われた際に修道士になることを誓い修道院に入る。贖宥状の発行をめぐりカトリック教会に反発し、批判的な見解を述べた「95箇条の論題」を発表、宗教改革運動の口火を切る。口語に近いかたちで新約聖書のドイツ語訳を行い、広く民衆に読まれた。

的な職業に従事すること、すなわち社会のうちで働くこと、労働することに、そのままで宗教的な価値が与えられたのである。「この天職という概念には、世俗の日常的な労働が尊重されるべきであるという考え方が含まれる[4]」のであり、「世俗的な職業に従事しながらその義務をはたすことが、道徳的な実践活動として、最高のものとして高く評価された[5]」のだった。労働することは、たんに生計を立てる手段であるだけでなく、世界において神の意志にしたがって生きる至高の方法であるとみなされるようになった。そのことは、「(神は)すべてのことを汝の手によって働きたまうだろう。汝の手によって牝牛の乳を搾り、もっとも卑しい者の業をもなしたまうだろう。大いなる業も小さな業もともに同じように、神に喜ばれるものとなるだろう[6]」というルターの言葉からも明らかだろう。

ただしルターのこのような「召命」としての職業の思想は、労働の貴賤を問わず、もっとも卑しい労働も高貴なものとみなされてきた労働と同じように尊いものであることを主張するものではあるが、信徒たちが自分たちの職業に誇りをもって従事し、労働することを教えるものにすぎない。そこにはそれまでの生活のあり方そのものを変革するのではなく、社会のうちでの人々の地位をそのまま維持することを求めるような保守的な考え方が潜んでいる。とくに信徒である農民たちが社会的な変革を求めるようになると、既存の秩序の変革を望まないルターは保守的な傾向を強めていくようになる。ルターは信徒たちに、既存の秩序に反逆するのではなく、「この秩序のうちで各人が占める地位もまた、神の意志のあらわれである[7]」と教えるようになる。ルターは次第に、「各人の職業と身分は神が与えたものであり、各人はそこにとどまるべきであり、各人の現世における努力は、神から与えられた生活上の枠組みから逸脱してはならない」[8]と教えるようになったのだった。

カルヴィニズムの労働観

ルターのこのように保守的な傾向を打破して、近代の資本主義社会にふさわしい労働観を作りだすことになったのは、フランスの宗教改革者の**ジャン・カルヴァン**（一五〇九〜一五六四）とカルヴァン派の思想家たちの功績だった。カルヴァンの宗教思想の基本的な教義は予定説だった。予定説とは、「恩寵による選びの教義」とも呼ばれるものであり、特定の信徒が救われるかどうかはすでに神が恩寵によって選び、定めているのであり（これが「予定」の意味である）、信徒が現世でどれほど信仰深く、善行を積んだとしても、それで神の選びを変えることはできないという理論である。「人間の功績や罪過が、この運命の決定に与っていると考えるのは、まったく不可能なこと」[9]なのであり、「神から恩寵を受けた者にとっては、この恩寵は失われることのできないものであり、神から恩寵を拒絶された者にとっては、この恩寵はどうしても手にいれることができないものなのである」[10]。

ルターによってたしかに卑しい職業というものはないことが示された。中世とは違って、卑しい労働に従事していることが、信徒の救いの妨げとなることはなくなった。しかし労働することは神の意志に服従することであっても、それが救いをもたらす積極的な道であることは示されなかった。そしてカルヴィニズムの予定説の思想によって、たとえ救いの可能性の高いとみられる職業についていても、そして現世においてどれほどの善行を積んでも、救われる保証はまったく与えられないことが示された。予定説によるとどんな職業についたとしても、どれほどその職業で熱心に働いたとしても、その信徒が救われるか救われないかという神の選びはすでに定まっているのであり、信徒にはそれを変える力はまったくないのである。

この教義は信徒たちにいくつもの重要な影響を与えた。第一の影響は、信徒たちは内面的に完全な孤独を感じるようになったことである。外部からのいかなる援助も、救済をもたらすための助けとはならない。家族も友人も牧師も教会も神すらも、救いの助けとなることはない。「この内面的な孤独の感情は、悲観的な色彩をおびたあの個人主義の〈根〉の一つとなった」[11]。

第二の影響は、このような内面的な孤独のうちで、信徒たちは自分が救われているという何らかの「確証」を求めるようになったことである。この「確証」は外部から与えられることはできない。牧師にも教会にも頼ることはできないのである。それを知っているのは神だけだからである。信徒に残されたのは、自分の生活のうちで、自分が救われた存在であることを「確信」することだけであった。信徒たちは生活のうちに救いの確証を求めたのであるが、その確証はただ自分のうちの「確信」というかたちでしか得られないのである。そしてこのような確証は神への信仰を堅持することによってしか、示されないとされたのだった。「ただ死ぬまで堅く信仰を守り続けることができるのは、選ばれた人だけである」[12]のである。「信徒たちは自分が選ばれた存在であると信じることが絶対の義務とみなし、そのことに疑いをもつことは悪魔の誘惑として退けるよう求められた」[13]のだった。

第三の影響は、信徒たちはこのように信仰を堅持して自分が選ばれた人であることを内的に「確信」するだけでは満足できず、そのことを示す外的な「しるし」のようなものを求めるようになったということである。この「しるし」は外部の第三者にも目に見えるようなかたちで示される必要があった。教会における聖餐などの重要な儀式に参加できるかどうかは、他者にも判断できるこのような外的な「しるし」があるかどうかによって決められたからである。そしてこのしるしを確実なものとするためには、勤勉に労働に従事することが推奨された。「職業労働だけが、宗教的な疑惑を追い払い、恩寵を与えられた状態にあるという〈救いの確証〉をもたらすことができる」[14]とされたからである。

このようにカルヴィニズムの信仰においては、職業労働に従事することは、自分が救われた者であることを示す「しるし」をもたらすものだった。これによって信徒たちの労働観に重要な帰結が生じることになった。何よりも大きな帰結は、生活が「方法」化されたことである。信徒たちにとってはこの救いの確証が何よりも重要なものであっただけに、信徒は労働を軸として、自分の生き方そのものを根本的に組織し、秩序立てる必要があった。自分の救いを確信していることができるためには、あるときには熱心に働き、あるときには仕事を怠るようなことがあってはならないのである。「あらゆる時間において、あらゆる行為において、生活の全体を根本的に転換しなければならないとされた」[15]。こうして「人生の態度のすべてにわたって首尾一貫した方法が構築された」[16]のだった。

この方法的な生活というものは、もともとはすでに中世の修道院で確立されていたものだった。修道士たちは時計によって正確に定められた時間割によって、毎日の生活に規律をもたらしていた。カルヴァン派の信徒たちもこのような厳しい規律を採用した。一日を規則正しく、秩序立って送り、決して気ままに欲望を満たさないことは、どのカルヴァン派の信徒たちも共通して重視した生き方だった。修道士でも世俗のカルヴァン派の信徒でも、そのための合言葉は「禁欲」だった。この禁欲するということは、たんに自分の気ままな欲望の充足を控えるということだけではなく、生活に秩序を確立するということだった。「禁欲の目的は覚醒し、自己を意識した明晰な生を送れるようにすることにある。そして禁欲のもっとも切実な課題は、欲望にしたがう生の無軌道さを完全になくすことであり、そのもっとも重要な手段は、禁欲者の生活態度に秩序をもたらすことにあった[17]」。

この禁欲はもちろん修道院でも行われていたが、カルヴァン派の信徒たちの禁欲は、修道院のような閉じた場所での禁欲とは明確に異なるものだった。この禁欲は、普通の社会生活を送る人々の世俗内的な生活を、そのすべての側面で律するものとなったのである。「現世の外部で、現世を超越した修道士たちの宗教的な貴族主義の代わりに、世俗の生活の内部で、永遠の昔から救いを予定された聖徒たちの宗教的な貴族主義が誕生することになった[18]」。このような貴族主義を奉じる俗人の聖徒たちと、神に見放された人々のあいだを隔てる深淵は巨大なものであり、しかも不可視のものだった。「この淵は不可視であるだけに恐ろしい裂け目となった。この裂け目は、社会的な感覚のすべての側面に鋭く刻まれたのである[19]」。

この宗教的な貴族主義による世俗内的な禁欲は、かつて中世の修道院で行われた世俗外的な禁欲を、市民生活のうちに持ち込んだものだった。ところがこの世俗内的な禁欲にも、世俗外的な修道院での禁欲と同じような逆説が発生してしまう。明確な方法に基づいて、合理的な姿勢で、神の栄光を高めるために禁欲的な労働をすること、そして消費を贅沢とみなして、それを生産のために投資すること、それによってどうしても富が蓄積されてしまうのである。

イギリスのメソジスト派の創始者である**ジョン・ウェスレー**（一七〇三～一七九一）はこの逆説についてこう嘆いている。「メソジストの信徒たちはどこでも勤勉になり、節約する。すると所有する財産が増えるのである。それに応じて誇りは高くなり、情熱は強まり、肉における現世の欲望も生活における驕りも強くなる。こうして宗教の形だけは残っても、精神は次第に消滅してゆくのである」[20]。労働が富を蓄積させ、その富が神に向かおうとする精神を腐食してしまう。

信仰心が篤く、熱心に働き、節約すると、どうしても豊かになるのであり、最初の信仰心は薄れざるをえないのである。これは中世の修道士だけでなく、プロテスタントの信徒たちも襲った運命だった。ウェスレーは「できる限り多くの利益を獲得するとともに、できるかぎり節約するように」信徒に求めなければならないが、「その結果はどうなるかというと、富が蓄積されるということなのだ」[21]と、この逆説の避けがたさを嘆くしかないのである。

第2節 労働の聖化

世俗での労働の聖化

これはどうにもならない成り行きだった。やがて市民社会が成熟してくると、この勤労の背後にあった宗教心は忘れられてゆく。こうして労働は来世における救済を確保し、保証する行為ではなくなり、労働する行為そのものが、人間にとっては富をもたらす好ましい営みとみなされるようになった。アメリカの政治家であり、著作家でもあった**ベンジャミン・フランクリ**

ン（一七〇六～一七九〇）は労働がいかに貴重なものであるかについて、こう語っていた。「時は金なりということを忘れてはならない。自分の労働で一日に一〇シリングを稼ぐことができる者が半日歩いたり、何もせずに怠けていたら、その気晴らしや怠惰のためには六ペンスしか使わなかったとしても、それが出費のすべてと考えるべきではない。実際にはさらに五シリング使った、というよりも捨てたのである」[22]。労働しない時間は、まったく消費をしないとしても、すでに浪費であることになる。

このようにして労働にたいする宗教的な蔑視が弱まると、労働することそのものに価値があるとみなされるようになった。近代の精神は、労働を肯定的に捉えることによって、労働に否定的な古代の労働観と正面から衝突するようになる。このようにして近代において労働が肯定的なものに、そしてやがては聖なるものになってゆくのだが、その道筋はいくつか考えることができる。

プロテスタントにおける労働の合理化

まず、プロテスタントの内部から、労働の肯定性を理論化することが試みられるようになった。労働が救いをもたらす手段であるだけでなく、労働し、豊かになることが神の意志に適ったものであると明確に主張する意見が登場してくる。一七世紀イギリスのピューリタンの神学者**リチャード・バクスター**（一六一五～一六九一）は、「神が信徒の一人に利益を与える機会を示したのであれば、それもまた神の意図[23]」であり、労働することでその機会を活用しなければならないと次のように主張する。「もしも神があなたがたに示した道にしたがって進めば、自分の魂も他人の魂も損なうことなく、律法に適った方法で、他の道にしたがうよりも大きな利益を手にすることができるのに、神の示したその道を拒んで別の意味を進むとすれば、それは自分の示された召命の目的に反することになる[24]」。

この教えによると、重要なのは労働に従事しながら自分の生活を規則にしたがって律することであり、たとえ隣人が金銭的に困窮していても、隣人愛の倫理によって、困窮している隣人を経済的に援助する必要はないということになる。たしかに聖書は「汝の隣人を自分と同じように愛せ」と命じている。しかし「ある人が自分の財産を隣人よりも目的に適うように、そして神の栄光をさらに高めるように使うことができると確信しているならば、その人には隣人愛によって、自分の財産を隣人に分かつ義務はない[25]」とされたのである。

それだけではなく、隣人が罪を犯したことが明らかになったときには、「自分にそなわる弱さを自覚しながら寛大に援助の手を伸ばすことで、神の恩寵に報いることができなくなった[26]」のだった。「隣人である罪人は、神から永遠に見捨てられた者という刻印を身に帯びた者であって、その者を神の敵として憎み、軽蔑することこそが、選ばれた者にふさわしい態度となった[27]」からである。これは隣人愛というキリスト教の根本の教えを否定する意味をもっていた。

ヨーロッパにおける労働の倫理化

次に、資本主義の原理に基づいた市民社会が発達してゆくにつれて、労働せずに貧しい暮らしをすることが、道徳的に劣ったこととみなされるようになった。労働するかどうかが、道徳的に重要な意味をもち始めたのである。労働は信徒の「倫理的な義務」[28]であり、「財産をもつ富裕な人でも、この〈働け〉という無条件の命令から免れることはできない」[29]とされた。労働しない者は怠惰な者であり、神の恵みを得られないことを、その怠惰なありかたで公然と示している者なのである。

このことを象徴的に示したのが、一七世紀の「大いなる閉じ込め」と呼ばれる現象だろう。フランスの思想家**ミシェル・フーコー**（一九二六～一九八四）が『狂気の歴史』で描きだしたように、一七世紀の後半にヨーロッパのほとんど全土で監禁施設が建設され、やがてそこには、「土地を追われた農民、解雇されたり脱走した兵士、失業した職人、貧しい学生、病人」[30]たちが、狂者とともに監禁され、労働させられるようになる。これらのさまざまな人々は、要するに定職についていない人々、労働していない人々である。

昔からの共同体から追い出された農民たちは都市で労働しなければならなくなったが、こうした労働は過酷なものであり、すぐに職をみつけることもできなかった。都市に出た人々はたしかに自由になったが、「自由があたかも呪いであるかのような状況のもとに」[31]置かれたのであり、労働しなければならないのに働き場所をみつけることができないという「ダブルバインド」に縛られた。「法の命じるところでは労働の義務が課されているにもかかわらず、課された条件のもとでは労働することができない」[32]のである。

注目に値するのは、宗教改革が進んだ諸国だけでなく、カトリック系の諸国でも同じような施設が建設され、監禁が行われていることである。プロテスタントの諸国だけでなく、ヨーロッパの全土で、労働が倫理的な色彩のもとで眺められるようになったのである。「労働を欲しないということは、〈過度に神の力を試す〉ということではないか」[33]。怠惰であるということは、神への「反抗の絶対的な形式」[34]ではないか。このような考え方のもとでは、労働に従事しない人を強制的に働かせることこそが、道徳的な行為だとみなされるようになる。「怠け者は、効果も収益もあがらぬ労苦のはてしない時の流れのなかで、強制的に働かされるようになる」[35]のである。働かない者は、神に（社会に）反抗する者、労働によって社会に貢献しない者、怠惰で不道徳な者、悪に染まった者と感じる感性が社会に浸透する。

第3節 労働する主体の構築

資本主義の労働にふさわしい労働者の構築

このようにして、宗教改革ののちのヨーロッパ社会では、労働が道徳化された。そして労働することが道徳的な主体のありかたであり、労働しないことは不道徳なありかたであるとみなされるようになった。これによって労働にはイデオロギー的な価値が生まれることになる。この労働の道徳化が試みたのは、働くことがそれだけで善であるとすべての市民に信じさせることだった。これはすべての市民に、労働者として働くべきであると考えさせようとしたものであり、現代のわたしたちも、勤勉であることを善であるとみなすこうしたイデオロギーにある程度は染まっており、それに荷担しているとも言えるだろう。

しかし資本主義の体制にとって重要なのは、人々が働くことは善であると考えて働くようになるかどうかということだけではない。それよりも、住民を一つの集合体とみなして、その全体の労働の質を高めること、そのようにして国家の富を増やすことのほうがさらに重要なことになる。そのために不可欠なのは、それまでの労働者とは異なる、資本主義の社会にふさわしい労働者という主体を構築することである。

この労働する主体の構築は、労働者の身体の側面と精神の側面の二つの側面で考えることができる。身体の側面においては、資本主義的な工場労働にふさわしい労働者の身体を構築することを目指し、精神の側面ではそうした労働にふさわしい心構えをそなえた労働者を作りだすことを目指す。この二つの側面から、近代における労働する主体の構築について考えてみよう。

従順な身体

資本主義以前の封建制の社会では、農業が中心的な労働であり、労働者の身体は農業にふさわしいものであるべきだった。農業は自然を相手にする仕事であり、その仕事の周期もまた自然によって決定された。たしかに一部の農作業においては労働集約的な作業も行われたが、中世では基本的に農業活動は個別の農業労働者が、自然の時間的なパターンに合わせて、個人的に従事するものだった。

しかし資本主義社会では、分業体制のもとで、時間を守り、規則正しく労働することが重視される。同じ時間に一斉に仕事を始め、たがいに協力し合って作業を進めることが必要となったために、労働者の身体をそのような作業にふさわしいものに改造する必要があった。そのためには、労働者に規律・訓練を与えることが不可欠だった。フーコーの『監獄の誕生』によれば、こうした規律・訓練は、「たんに他の人々にこちらが欲する事柄をさせるためばかりでなく、こちらの望みどおりに、技術にのっとって、しかもこちらが定める速度および効用性に基づいて他の人々を行動させるためには、いかにしてこちらは彼らの身体を掌握できるか[36]」を目指すものであり、「こうした規律・訓練は、服従させられ訓練される身体を、〈従順な〉身体を作りだす[37]」のである。

閉鎖空間・時間

この規律・訓練の技術はさまざまな方法で展開された。この技術の第一の特徴は、それが閉ざされた空間で、閉ざされた時間のうちで行われたことである。精神異常者と貧民たちを一緒に監禁した近代の「大いなる閉じ込め」を手始めとして、労働者は工場などの特定の空間のうちに集められ、閉じ込められた。工場の門衛は、労働開始の時間になると工場の門を閉じて、それ以後は工場に入ることを許さず、また労働終了の時間になるまで工場から出ることを許さない。作業場所と作業時間の両方が、この閉じた空間のうちで管理される。

この方式の目的は、労働力を集中させて、その力を最大限に活用しながら、工場での盗難や破壊行為を防ぎ、「原材料と機械備品を保全して労働力を制御する」[38]ことだった。

配置と監視

この技術の第二の特徴は、この閉じた空間の内部で、労働者の位置を決定し、そこに固定することで、労働者の労働の質を監視し、評価することだった。許可のない立ち入りを防ぎ、無用な労働者の移動やおしゃべりを防ぐためにも、労働者の作業場所を画定しておくこと、それを見通しのよいものとすることが必要である。そのためにも「基本的な位置決定もしくは碁盤割りの原則にもとづいて、各個人にはその場所が定められ、しかもそれぞれの位置には一個人が配置される」[39]のだった。

このようにして労働者が怠らずに働いていることがすぐに確認でき、その作業の質の高さを確認し、それを評価することができるようになる。この配置は、分業の作業過程に内在した論理によって、作業の開始から終了にいたる順序で定められる。「仕事場の中央道路を端から端まで歩けば、全般的にも個別的にも十分な監視を行うことができる。すなわち職工の出欠と勤勉さ、仕事の質を確認すること、職工を相互に比較して熟練と迅速さに応じて分類すること、製造過程の連続的な段階をたどること」[40]が可能になる。

時間的な配置

さらに作業の時間も規制される。まず時間は一定の規則にしたがって、量的に正確に分割し、「碁盤目状」に配分しなければならない。労働の開始時間、休憩時間、昼食時間、就業時間を正確に定めて、それに反することがないようにしなければならない。

また定められた時間の枠組みのあいだは、定められた仕事だけに集中させ、無駄話や飲酒を禁止することで、労働時間を質的にも純粋なものとしなければならない。「測定され、賃金が支払われる時間は、同時に不純さも欠陥もない時間、そのあいだずっと身体が自分を働かせることに専念したままである良質の時間でなければならない。正確さと専念さは規則正しさとならんで、規律・訓練の時間の基本的な徳目である」[41]。

さらに労働時間を細分化して、「どんな些細な瞬間の活用も強化しなければならない」[42]。たとえばベルトコンベアの作業では、手が空くことのないように、労働プロセスと労働時間を監視し、隙間の時間には別の作業をさせることが望ましい。「時間を分断して内的なその諸要素を、それらを管理する視線のもとで展開させる」[43]ことで、さらに生産性を向上させることができると考えるのである。

これらのすべての規律・訓練が目指すのは、設計に基づいて自動的に作動する機械と同じように、命令と指示に基づいて従順に作業する身体をもつ労働者を作りだすことである。「身体はどんな些細な動きにおいてまでも、従順たるべしと要請されている」[44]のである。これらのすべての要素は、現代にいたるまで工場労働の基本的なありかたを規定するものとなったのである。

精神の訓練

労働者はこのように身体の次元から従順な機械となるように訓練されるが、労働者は機械ではなく、心をもつ人間であるために、精神の側面からも、資本主義的な労働者にふさわしい存在へと作り変えられるべきであると考えられた。そのために活用されたのが、階層秩序的な監視、規格化を行う制裁、試験という手段である。

階層秩序的な監視では、作業場をそれぞれの階層別に秩序正しく配置することが望ましかった。監視の目的には円形の配置がもっとも適しているが、分業において作業の順序と連続性が重要になる工場では、もっと線形的な配置が望ましいとされるだろう。一直線のラインをいくつも並列に配置することで、作業の進展、個々の労働者の能力、トラブルの発生源などを、すぐに確認できるだろう。

この工場という施設では、労働者にさまざまな規則を教え込み、それを遵守させる。こうした規則は、労働の質を均一化し、向上させるために必要なものが多いが、それ以外にも労働者に勤労と命令への服従の態度を構築させることを目指したものも多い。こうした規則に違反した場合には、厳しい罰が科せられる。こうした罰は、労働者の「規格化」に役立つ。

さらに労働者の規格化の重要な手段として試験がある。試験は学校では、教えられたことを習得したかどうかを確認するための重要な手段であるが、工場でも労働者をその能力にしたがってランク分けし、そのランクに認定するための試験を行うことができる。試験とは、「規格化の試験であり、資格付与と分類と処罰を可能にする監視」[45]である。

労働者を監視し、規格化し、試験する権力はこのようにして、資本主義の社会での労働にふさわしい身体と精神をもつ労働者を創造していくのである。この権力が駆使する技術は、イギリスの功利主義の思想家**ジェレミー・ベンサム**（一七四八〜一八三二）が提案したパノプティコン、すなわち「一望監視方式」[46]の技術のうちに象徴され、集約されている。すべてを見渡す遍在的なまなざしの権力でありながら、誰にもみられることのない不可視なまなざしの権力であるパノプティコンの方式。フーコーはこれはいわば「コロンブスの卵」[47]のようなものであって、ベンサムは宗教改革以降の近代の心性のうちに潜んでいるものを、たんに結晶した形でとりだしたものにすぎないとみなしている。フーコーはさらに、ベンサムのみた夢は、「われわれの社会が夢見る偏執狂的な夢であり、われわれの社会の偏執狂的な真実でもある」[48]とも指摘している。現代の学校や工場においても、この方式は根強く残っているといえるだろう。

アダム・スミス

Adam Smith

1723-1790

スコットランドの港町に生まれる。大学教授の職を辞し、家庭教師としてフランス滞在中、同時代の思想家と広く交流。従来の重商主義・重農主義を批判し、富の源泉を労働に求め、理論、政策、歴史の観点から経済を体系的に論じた『国富論』を著し、経済学の父と呼ばれる。

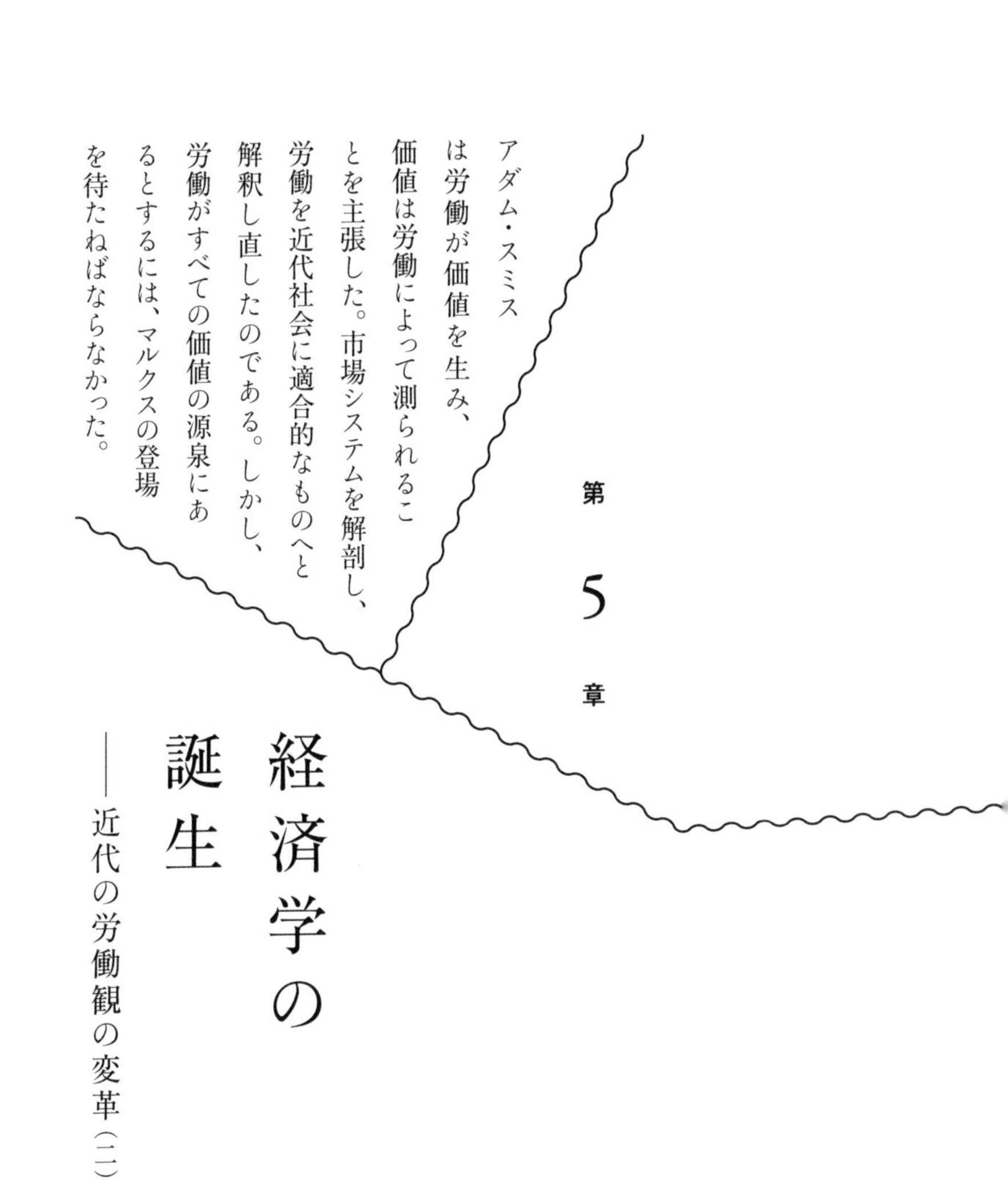

第5章 経済学の誕生
——近代の労働観の変革（二）

アダム・スミスは労働が価値を生み、価値は労働によって測られることを主張した。市場システムを解剖し、労働を近代社会に適合的なものへと解釈し直したのである。しかし、労働がすべての価値の源泉にあるとするには、マルクスの登場を待たねばならなかった。

プラトン Platon B.C.427-B.C.347

古代ギリシアを代表する哲学者のひとり。ソクラテスに師事。完全な真実の世界イデアと不完全な現象界の二元論を軸に道徳や国家を論じる。師ソクラテスの対話という形式で『国家』『ソクラテスの弁明』などの著作を残す。

トマス・マン Thomas Mun 1571-1641

イングランドの実業家、経済学者。交易で巨万の富を築き、東インド商会の役員となる。貿易差額論を主張し、死後刊行された『外国貿易によるイングランドの財宝』は、アダム・スミスに高く評価された。

バーナード・デ・マンデヴィル Bernard de Mandeville 1670-1733

イギリスの精神科医、思想家。政治や道徳を諷刺した著作を発表する一方で、経済問題でも独自の考察を展開、個人の欲望に根ざす悪徳が社会の利益につながると主張し、アダム・スミスらに影響を与えた。

ジャック・テュルゴー Anne-Robert-Jacques Turgot 1727-1781

フランスの政治家、経済学者。ルイ16世時の財務総監として穀物取引の自由化やギルド（職業別組合）の廃止を行ったが、特権階級の反対により頓挫。『富の形成と分配に関する諸考察』はアダム・スミスに強い影響を与えた。

フランソワ・ケネー François Quesnay 1694-1774

フランスの医師、経済学者。ルイ15世に宮廷医師として仕える。富の唯一の源泉は農業であるとする重農主義の立場から、政府は個人の自由活動に干渉せず市場の働きに任せるという自由放任を主張した。

第1節 重商主義と重農主義の労働論

重商主義と重農主義

このようにして労働が聖化され、規律化され、労働する身体が構築されるとともに、資本主義は産業革命と相まって、近代の市民社会を支える経済的な原理となり、生産様式となる。「経済学の父」と呼ばれる**アダム・スミス**（一七二三〜一七九〇）は、この市民社会の論理を社会のうちから読み取って、近代経済学を確立することになる。それとともに、労働そのものの概念と労働者の概念が一新されることになった。

スミスが登場する前に経済学の分野で重要な役割をはたしたのが、重商主義と重農主義だった。この節で考察するこの二つの理論はどちらも、国家の富を拡大することを目指すものだった。まず重商主義にとっては、国家の富は外国との貿易によって得られる貨幣の剰余額によって決定される。そのため重商主義の経済論は「貿易差額論」と呼ばれる。

イギリスの重商主義の理論家**トマス・マン**(一五七一〜一六四一)は、そのことを次のように簡潔に表明している。「外国貿易の差額はわが国の財宝の唯一の手段であり、基準である。すなわちわが国が消費する外国商品よりも大きな価値の商品を毎年王国から輸出する場合には、わが国の富は増大し、われわれが外国人に売る自国商品よりも多くの外国商品を使用する場合には、わが国は貧しくなる」[1]。

マンによると、貿易差額だけが重要であり、その差額がどのようにして生まれるかは、問題ではない。外国に商品を輸出するためには、自国の国民が労働して商品を生産することが前提となるだろうが、それにかぎらず、外国から商品を安価に輸入して高価に輸出することでも、あるいは国内での外国産の商品の消費を減らすことによっても、国富を増大させることができるのである。

この重商主義にとっては、労働者をどのようにして勤労させ、生産過程で活用することができるかという問題が悩みの種であった。というのも当時のイギリスでは、労働者はなすべき労働を嫌うものだと考えられていたからである。当時においても、労働は相変わらず辛く厳しい肉体労働とみなされ、こうした肉体労働の評価は依然として低かった。そして労働者もまた下層民の肉体労働者として軽蔑され、賭け事に熱中し、怠けて仕事などしようとしない人々とみなされていた。労働者を怠惰貧民とみなすイギリスの救貧法の思想がまだ続いていたのである。このような労働者を働かせる方法としては、主として三つの方策が考えられた。

第一は賃金を低くすることである。後期重商主義の思想家であるイギリスの**バーナード・デ・マンデヴィル**（一六七〇～一七三三）は『蜂の寓話』で、当時のイギリスの職人たちが「一週間のうち四日間の労働で食べていけるならば、五日働くように説得することはほとんどできないであろう」[2]と述べている。これは「生存賃金の理論」と呼ばれた。労働者は生存するために働く。もしも賃金を高くすると、労働者は生存に必要なだけしか働かなくなるから、労働者が働く日数は短くなってしまうというのである。

第二は慈善をできるだけ減らすことである。マンデヴィルは、「慈善があまりに行われると、必ず怠惰と無為を助長せずにはいない。そして国家を利するどころか、かえって堕民を殖やし勤勉を滅ぼす」[3]と主張する。

第三は、できるだけ労働者に教育を与えないようにすることである。「社会を幸福とし、人民の最低の境遇に安居させるには、かれらの大多数が貧民であると同時に、無知であることが必要である。知識はかれらの欲望を拡大増加する。人々の欲するところ少なければ、その必要をみたすこともそれだけ容易である」[4]とマンデヴィルは主張している。

労働者にはできるだけ欲望をもたせず、生きていけるだけの賃金を支払っておけば、労働者は生き延びるためにも勤勉に働くようになると、マンデヴィルは考えた。これは重商主義の時代の労働者についての基本的な考え方だったのである。

ただしフランスの重農主義では、土地という自然に働きかける「生産者」としての人間の労働にかぎって、労働の価値そのものを高く評価していた。重農主義の重要な理論家であるローヌ男爵**ジャック・テュルゴー**（一七二七～一七八一）は、人間の社会は生産と消費のシステムで構成されていると考え、社会の生産システムは二つの階級、すなわち「生産者」の階級と「被雇用者」の階級で形成されていると主張する。生産者の階級には地主と農業労働者が含まれ、被雇用者の階級は土地の生産物に加工する産業労働者の階級である。第二の産業労働者の階級では、労働者のあいだの競争が激しいために、自分たちの生命を維持するための収入しか獲得することができないという。だからこの階級の労働は価値を生み出すことがないとみなしたのである。

これにたいして、地主と農民を含む「生産者」の階級は、富を生み出すことができる。というのも、自然である土地に働きかけるならば、人間の労働はその労力を上回る価値のある産物を生み出すことができるからである。畑に蒔いた一〇〇粒の種は、その数十倍の穀物をもたらす。自然は「無報酬で農業労働者に、その労働の賃金以上の余剰を与える[5]」のである。この余剰の価値こそが、被雇用階級の労働者たちに、賃金を与えることのできる原資となる。「被雇用階級の労働者は、農業労働者に自己の労働を売ることによってのみ、その生活費を獲得するのであるが、農業労働者は、自己の自由に処分することのできる富を獲得する[6]」のであり、この富は農業労働者がみずからの労働によって作りだしたものなのである。

このようにして農業労働者だけが富を生産することになる。「富の流通において、社会のすべての労働を生かす富の唯一の源泉である。けだし彼はその労働が労働の賃金以上に生産する唯一のものだからである」[7]。すると真の意味での富の生産源は、土地だということになる。この論にしたがうならば人間の労働は、狡智をもって土地から価値を生産するために不可欠な要素であるにすぎない。

ただし重農主義の理論体系を確立した**フランソワ・ケネー**（一六九四～一七七四）では国民の分類はいささか異なり、生産階級、地主階級、不生産階級に分類される。「生産階級は土地の耕作する農民たちであり、この階級の労働が真の意味での価値を生み出す。「生産階級は、土地を耕作によって国民の年々の富を再生させるものであり、農業の労働の支出の前提をなし、および地主の収入を年々支払うものである」[8]。地主階級には「主権者、地主および十分一税徴収者が含まれる」[9]のであり、地主だけでなく統治者と聖職者もここに含まれる。その他のすべての国民は、さまざまな製造分野での労働者を含めて、すべて不生産階級に分類されることになる。「不生産階級は農業上の勤務、労働以外のそれらに従事する人民のすべて」[10]である。価値を生み出すのが土地と土地の耕作だけであれば、消費財の製造に従事する労働者は、価値のない商品を製造する不生産階級に分類されることになるのである。

ただし、ケネーは当時の**トマス・ホッブズ**（一五八八～一六七九）以降の自然権の理論に対抗しながら、独自の自然権の理論を提起し、労働についての新しい考え方を打ちだしていた。ケネーはホッブズなどの政治哲学では「すべての人間にたいして一切のものへの権利を与えるような人間の自然権という抽象的観念に没頭した若干の哲学者たちは、人間の自然権を、人間相互の純然たる独立状態と、かれらの無限の権利を互いに奪い合うための戦争状態と限定した[11]」ことを批判しながら、「人間の自然権を、かれが享受しうるものに限る[12]」必要があることを指摘し、「各人の自然権は、現実には、かれがその労働によって獲得する部分に限られる[13]」ことを強調した。

人間に与えられた自然権は、その人が労働によって獲得したものをみずから享受することのできる権利に限定されると考えるのである。この労働の理論はいずれ考察するイギリスの**ジョン・ロック**の労働論に近いものであり、その意味ではケネーの「この考え方は、近代政治経済学の出発点をなすもの[14]」と評価することもできるだろう。

第2節 アダム・スミスの登場

スミスのエゴイズムの理論

このようにイギリスの重商主義の貿易差額の理論では労働と労働者は蔑視される傾向があり、労働が生み出す価値を認めていない。フランスの重農主義では農業労働者の労働だけが価値を生み出すことを認めていたが、産業労働者はその労働によって価値のある製品を作りだすことはなく、ただ農業労働者の生み出す価値に寄生しているものと考えられた。これにたいして商品の価値というものが労働によって形成されるものであることを、産業分野にこだわらずに普遍的なものとして認めたのは、スコットランド生まれの経済学者アダム・スミスであった。

まずスミスは人間の社会がそもそも形成されるのは、人間が労働することによってであり、それぞれの人は自分の得意な労働分野でとくに力を発揮するものであると想定した。そしてさまざまな能力をもつ人々が集まって分業し、その生産物を交換するために社会というものが形成されると考えた。社会の形成の根幹は、人間の労働とその産物の交換にあるとみなしたのである。

このように社会の形成を分業のうちにみいだすのは古代以来の伝統的な考え方であり、すでに**プラトン**（前四二七〜前三四七）が『国家』で語っていたことである。プラトンは「そもそも国家というものがなぜ生じてくるのかといえば、それはわれわれがひとりひとりでは自給自足できず多くのものに不足しているからだ[15]」と説明している。

こうしてプラトンは、農夫が一人、大工が一人、織物工が一人、必需品を作る職人が一人いれば、最初の国家は形成できると指摘する。そして各人は、自分の得意な分野だけに集中して労働し、その余剰を他者と交換するのである。「市民たちはそれぞれの仕事の生産物をおたがいに分け合う[16]」ためにこそ、共同体を形成して国家を作ったのだというわけである。

スミスも同じように考える。「各人が自分で消費する以上のものを生産し、余った部分を交換して確実に必要を満たしあえることから、各人がそれぞれ一つの仕事に専念するようになる。そしてその仕事の能力や才能を伸ばし、完成させるようになる[17]」。スミスはこの交換の欲望を人類に固有なものと考えており、その背景にあるのはエゴイズムだという。誰もが自分の欲望を満たすためには、自分の得意な分野で労働し、その余剰分を他者と交換するしかないのである。逆に言えば、社会のうちでさまざまな商品が売られているのは、生産者の誰もが同じように交換によって自分の欲望を満たそうとするからである。「われわれが食事ができるのは、肉屋や酒屋やパン屋の主人が博愛心を発揮するからではなく、自分の利益を追求するからである。人間は相手の善意に訴えるのではなく、利己心に訴えるのであり、自分が何を必要としているのかではなく、相手にとって何が利益になるのかを説明するのだ[18]」。

このようにしてスミスは社会の成り立ちを分業と交換にあると考えた。こうした社会はすべての市民が交換と商業によって生きている商業社会である。「必要の大部分は、各人の生産物のうち自分で消費するもの以外の部分で交換して満たすようになる。全員が交換によって生活するようになる。ある意味で商人になる。社会全体も商業社会と呼べるものになる[19]」。商業社会では誰もが自分の利己心を満たそうとして労働することによって、社会全体の利益が実現されるとスミスは考えた。こうした商業社会においては、価値の源泉は労働にある。こうしてスミスはごく自然に、さまざまな職人の労働こそが、人々の必要とする財を生産する源泉であると主張することになる。

スミスの労働価値

スミスはこのようにプラトンにならって、社会は労働の分業によって構成されると考える。

そして社会で取引される商品の価値をもっとも正確に示す尺度が、労働の価値であると考えた。このような社会においては「見えざる手」に導かれて、人々は「自分の利益を追求する方が、実際にそう意図している場合よりも効率的に、社会の利益を高められることが多い[20]」と考えたのである。「労働は、価値の尺度として唯一普遍的であると同時に唯一正確であり、さまざまな商品の価値を時期と場所の違いを越えて比較できる唯一の尺度である[21]」と主張する。

商品の価値は、それを生産する労働者の賃金、資本家の獲得する利益としての資本、土地の地代の三つの価値で構成されるが、資本家の利益の大きさと土地の地代もまた、労働の価値ではかることができると考えたのである。「価格の構成要素のすべてで、その真の価値をはかる尺度は、それぞれによって購入・支配できる労働の量であることに注意すべきだ。労働は、価格のうち労働にあてられる部分の価値をはかる尺度であるだけではなく、地代にあてられる部分と、利益にあてられる部分でも、価値をはかる尺度である[22]」。

ただ注意が必要なのは、スミスにおいては労働は何よりも価値の「尺度」であって、価値を作りだす唯一の源泉とはみなされてないことである。労働は価値の尺度にすぎない。そして労働そのものの価値は、労働者の賃金として現れるのであり、それは労働者が生きつづけることのできるよう自らを再生産するために必要な物資の価値に等しいものとみなされている。

ただし商品の価値を構成するのは労働だけではなく、自然物である土地、さらに労働者の「賃金を支払う雇い主の利益[23]」を生みだす資本も価値を作りだす。「自分自身で収入を得るものは誰でも、労働、資本、土地のどれかから収入を獲得しなければならない[24]」のである。そのどの源泉から価値を作りだすかに応じて、その人は労働者であるか、地主であるか、資本家であることになる。

スミスにおいては労働の価値は、貨幣の価値や穀物の価値よりも、商品の価値を明確に示す尺度とされている。スミスの観点を通じて、労働の価値が、経済的な価値へと大きく転換していく。スミスにおいて労働という営みが、市民社会の根底を支えるものであることが、明確に示されたことは重要である。

スミスの「生産的な労働」と「非生産的な労働」の区別

スミスの時代にはまだ市場の「見えざる手」の原理によってすべての市場参加者の利益が向上することを信じることができたが、やがて資本主義の興隆とともに、資本家階級と対立する労働者階級が形成されるようになる。この階級の対立という概念はやがて労働者階級による社会の変革という思想を生むことになるだろう。しかしその前段階として、労働者に限らない「働く者たち」の階級という概念が生まれてくることになる。これはプロレタリアとブルジョワの両方を含む広い意味での生産者階級の思想であり、これについては第8章で詳しく紹介しよう。

スミスによると労働はこのように価値を生み出すものではあるが、すべての労働がこのようにして価値を生み出すわけではない。その違いについてスミスは、「生産的な労働」と「非生産的な労働」という概念を提起する。「労働には、対象物の価値を高めるものと、そのような効果がないものとがある。前者は価値を生み出すので、生産的な労働と呼べるだろう。後者は非生産的な労働と呼べるだろう」[25]。生産的な労働の代表が、製造工の労働であり、非生産的な労働の代表が、家事使用人の労働である。「製造工の労働は一般に、労働対象の原材料に、自分を維持する価値と、雇主の利益になる価値をつけ加える。これにたいして家事使用人の労働は、何も価値をつけ加えない」[26]とされているのである。

スミスの価値論では、原材料に加えられた労働によって価値が作りだされるために、そのようにして価値を生産することのない労働は、すべて非生産的な価値とされてしまう。このため、多くの重要な労働が、価値を生まない非生産的な労働とみなされることになる。まず政治と軍事の分野でのすべての仕事が、非生産的な労働になる。「国王、国王に仕える裁判官と軍人、陸軍と海軍の将兵の労働はすべて非生産的である。全員が社会の使用人であり、他人の労働による年間生産物の一部によって維持されている」[27]のである。これらの人々は、家事使用人と同じ意味で非生産的なのである。

また人々の生活を維持するための多くの仕事も非生産的なものである。聖職者、医者、文学者、ダンサー、オペラ歌手、役者などもすべて、価値を生まない。「これらの職業では仕事の成果が、生み出された瞬間に消える」[28]からである。

これらの労働にたいして支払われる賃金は、生産的な労働が生み出した価値によって支払われる。肉体労働によって生産される価値はそれほど大きなものではないとスミスは考えるので、価値を生み出す別の源泉である資本の利益と地代が、そのために重要な役割をはたすことになる。「どの社会でも、土地の地代と資本の利益が、非生産的労働者にとって生活を支える主な源泉になっている」[29]のである。

スミスの労働価値説の問題点

ところでスミスによると、労働が生み出す価値は、労働者が生存するために必要な物資の価値と資本家の利益となる価値である。すでに確認したように、「製造工の労働は一般に、労働対象の原材料に、自分を維持する価値と、雇主の利益になる価値をつけ加える」[30]のである。商品の価値は労賃、資本、地代で構成されるのであるから、商品の真の価値は、「その国の土地と労働による生産物の交換価値」[31]だということになる。これが「その国の住民の真の富と収入」[32]を作りだすのである。このことは、スミスではまだ真の意味で労働価値説が確立されていなかったことを意味している。土地は労働とは別の価値の源泉とされているからだ。

これにたいして、すべての商品の価値の源泉が労働であることを指摘したのは、マルクスの『資本論』である。マルクスについてはあらためて第7章でくわしく取り上げていくことにしたい。マルクスは労働こそがさまざまな商品の価値の源泉であると考えたが、スミスでは商品の価値は三つの部分で構成され、それぞれに異なる価値の源泉をそなえていると考えたのだった。

なおスミスはこのように労働の価値を認めたからこそ、労働者の賃金を低く抑えるのではなく、できるだけ高くする必要があることを主張したのだった。まずスミスは、国富が増加しているときには、労働賃金も一般的に上昇することを指摘する。「下層労働者がようやく生活できるだけの状況は、社会の停滞を示す自然な現象であり、下層労働者が餓死する状況は、社会の衰退を示す自然な現象である」[33]。労働者の賃金の水準は、その国の富が増加傾向にあるか、減少傾向にあるかを示す忠実な指標なのである。そして社会の大多数を占める労働者の生活が向上するということは、「社会全体にとって不都合だとは考えられない」[34]ことを確認する。

それは何よりも社会の基本的な生産資源である労働人口の増大を示すものである。「労働の需要が増えつづければ、労働の報酬がよくなり、労働者の結婚と元気に育つ子供の数が増え、人口が増加して、増えつづける労働需要を満たすのに必要な水準になるはずである」[35]。

また賃金の上昇はたんに労働人口の増加をもたらすだけではなく、労働者の勤労意欲を高めることによって、生産性を向上させることができるだろう。「食料が十分にあれば労働者は体力もつくし、生活をもっと向上させ、老後は安楽に生活できるようにしたいとの希望が膨らんで、最大限に力を発揮するようになる」[36]ことが期待できる。

これは労働者の勤労意欲を高めるだけではない。労働コストが高くなるために、そのための資本が増加することになる。すると「労働の賃金の上昇をもたらした資本の増加は、労働生産性の向上をもたらす要因にもなり、それまでより少ない労働量でそれまでより生産量を増やせるようになる」[37]だろう。

そのためにも資本家は機械の投入など、技術開発を推進するだろう。「その結果、適切な機器の発明が増えていく。こうした改良の結果、多数の商品が以前よりも少ない量の労働で生産されるようになり、労働の価格の上昇よりも、ある商品の生産に必要な労働量の減少のほうが影響が大きくなる」[38]。こうして生産性が上昇するとともに商品の価格は低下し、需要が増大し、市場が拡大していくことになる。労働者の賃金を引き上げ、労働者の勤労意欲を高め、消費性向を拡大することで、市場は成長していくとスミスは考えた。

スミスに始まる近代経済学は、この市場のシステムを解剖することを目的として誕生したのである。そしてこの市民社会における市場のシステムのもとで、労働という営みと労働者という存在は近代の市民社会と資本主義にふさわしい地位と資格を与えられることになった。

第6章 近代哲学における労働

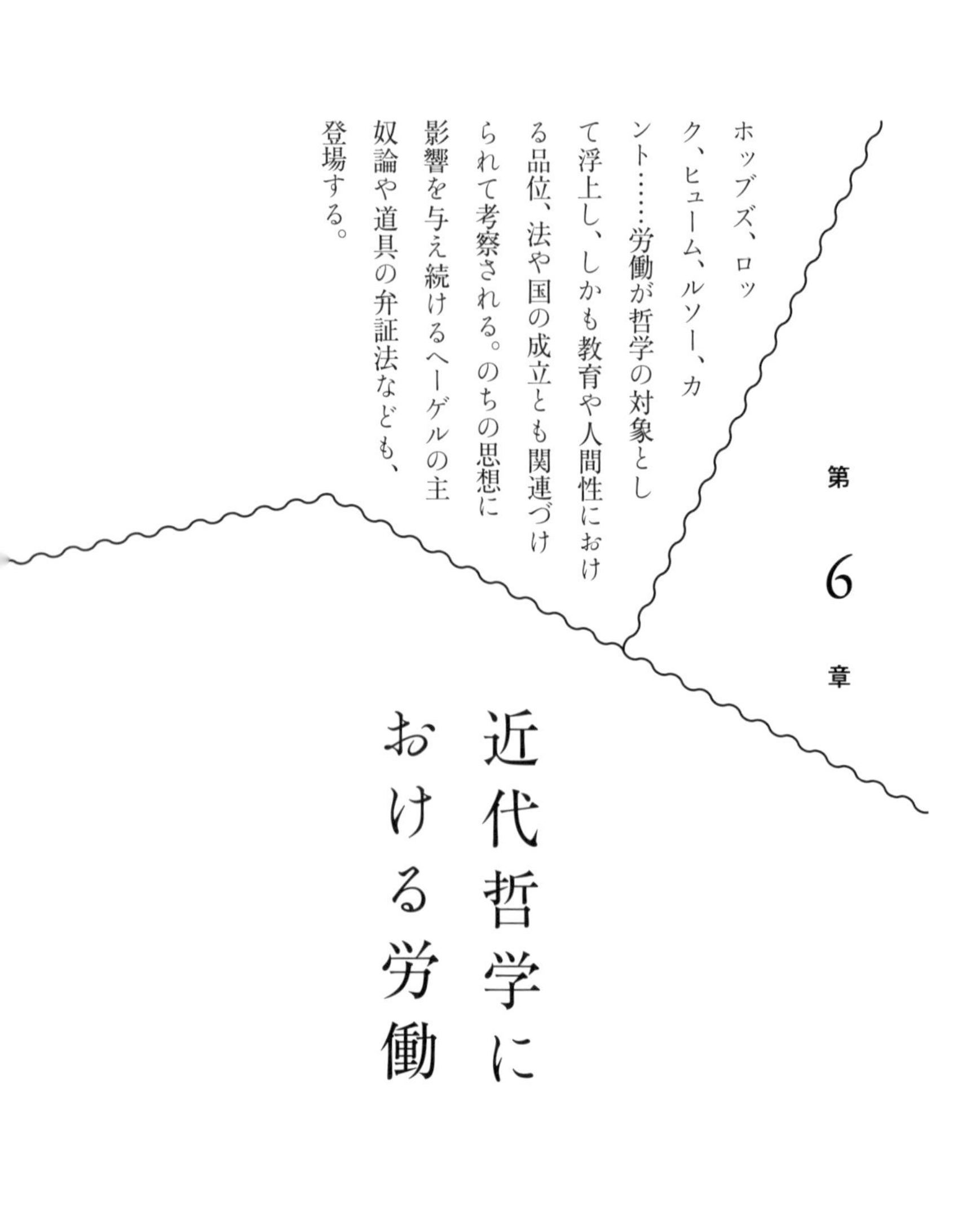

ホッブズ、ロック、ヒューム、ルソー、カント……労働が哲学の対象として浮上し、しかも教育や人間性における品位、法や国の成立とも関連づけられて考察される。のちの思想に影響を与え続けるヘーゲルの主奴論や道具の弁証法なども、登場する。

ゲオルク・ヴィルヘルム・フリードリヒ・ヘーゲル

Georg Wilhelm Friedrich Hegel

1770-1831

ドイツの官吏の家に生まれる。神学徒として出発するも、カント、フィヒテの影響とフランス革命への共感から哲学の道を進む。思考の運動としての弁証法を軸に論理学、自然哲学、精神哲学を展開、巨大な哲学体系を構築した。

ヨハン・ゴットリープ・フィヒテ Johann Gottlieb Fichte 1762-1814

ドイツの哲学者。ベルリン大学初代学長。カント哲学の自然と自由といった二元論に対し、自我を中心とした一元論を展開。自我と、外的世界である非我の弁証法により絶対自我が得られるとし、ヘーゲルに影響を与えた。

アンリ・ベルクソン Henri Bergson 1859-1941

フランスの哲学者。人間の知性だけではなく、感情と意志も人間の本質であり、精神的な生であるという独自の生の哲学を展開。神秘主義や心霊研究にも関心を示す。1927年ノーベル文学賞受賞。

第1節 ホッブズの第一歩

公共善としての労働から欲望を充たす労働へ

このように近代の資本主義的な市民社会において、労働がさまざまな商品の価値を生みだす源泉であることが認識され、労働が社会を構成する営みとして肯定的に評価されるようになった。近代の哲学においても、こうした背景のもとで、労働という活動が人間の重要な活動として認められるようになる。

アリストテレス以来の伝統的な社会思想では、人間のうちには自然に社会を構成する人間性のようなものがそなわっているとみなしてきた。そして社会にとって善きことは公的な善として、人間の目指すべき最高の善として、社会のうちで生きる人間が追求すべきものとされていた。人間は社会においてこの最高善を目指す道徳的な存在とみなされ、その本性からしてたがいに協力して社会を形成すると考えられていた。

しかし近代哲学の到来とともに、人間はそのような公的な善を目指す自然な道徳性をそなえた存在ではなく、ひたすら自分の欲望の充足を追求する孤立した存在であり、そのような存在として自立したものであるとみなされるようになる。このようにして初めて、社会というものを構築する営みにおいて、人々が市民として労働することがどのような意味をもつかという問いが問われるようになるのである。

ホッブズの人間論

そうした人間観の先駆となったのが、イングランドの哲学者**トマス・ホッブズ**(一五八八〜一六七九)だった。ホッブズは善と悪を、公共善のような超越的な観点から考察するのではなく、人間を動かす内的な欲望という観点から考察した。この視点の転換は市民社会が形成された近代において初めて可能になったものである。「ある人の欲望と意欲の対象たるもの、それがすなわち彼が彼自身としては善と呼ぶものである。そして彼の憎悪と嫌悪の対象は、悪である」[1]。善と

トマス・ホッブズ

Thomas Hobbes
1588-1679

イングランド国教会の聖職者の子として生まれる。清教徒革命前の1640年にフランス亡命。万人と万人が争う自然状態から脱し、社会契約を軸に平和と安全を確立する政治共同体のあり方を模索した『リヴァイアサン』を著す。王政復古後、イギリスに帰国するも政治・宗教的著作の発行を禁じられる。

悪はもはや社会における公共善のような観点からではなく、個人の人間の欲望とその対象との関係で定義されるようになったのである。このことをホッブズは「昔の道徳哲学者の書物に語られているような究極目的とか至高善というものは存在しない」[2]と明言している。

このように人間が自己の欲望を実現しようとする存在であると考えるならば、人間には他者とともに社会を構成し、至高善を実現しようとする自然な道徳性のようなものが存在すると考えることはできなくなる。そして社会はみずからの欲望のためであれば、他者の所有物を奪うことを厭わない人々で構成されていると考えることになる。誰もが他者の所有するものを嫉妬と妬みのまなざしで眺め、隙があればそれを奪おうとするだろう。これは万人が万人にとって狼であるような戦争状態であり、ホッブズは人間が社会を構築するまでは、人間はこのような戦争状態のうちに生きていたと考え、これを「自然状態」と呼んだ。

法と国家――社会契約の必要性

この自然状態の重要な特徴は、法というものがないために所有権が守られないことであり、所有権が守られないために、労働というものの意味が失われることである。「このような状態においては、勤労の余地はない。なぜなら勤労の果実はたしかでないからである」[3]。畑を耕して穀物を豊かに実らせたとしよう。しかしその畑の豊かな実りは多くの人々の羨望を掻き立てることになり、多数の人々がそれを手にいれようと狙うことになるだろう。いざ収穫しようとするときに、隣人がやってきて「勤労の果実」を奪ってしまうことを妨げる手段はないのである。だから労働することの意味は失われる。その結果、技術も文明も社会も存在しえないだろう。労働こそがこうした文明の土台となるものだからだ。

「したがって土地の耕作は行われず、航海も、海路で輸入されうる財貨の使用も行われず、便利な建築もなく、移動の道具もなく、多くの力を要するものを移転させる道具もなく、地表に関する知識も時間の計算もなく、技術も文字も社会もない[4]」ことになるだろう。このような状態では人間の一生は「孤独で、貧しく、険悪で、残忍で、しかも短い[5]」だろう。

ホッブズは万人の戦争状態を終結させ、社会を構築するには、人間たちは社会契約を締結せざるをえなくなると考える。人間が社会を構築するのは、伝統的な社会思想において想定されたように、人間のうちにそのような自然な傾向があるからではない。自分の欲望を実現するため、自分の労働によって獲得できるはずの「勤労の果実」を保護してくれる法を定めるためである。労働は社会と文明の土台を構築するものであり、人々が安心して労働することができるように、国家を成立させるために社会契約を締結する必要が生じたとホッブズは考えたのである。

第2節 ロックの貢献

労働から所有が生まれる

ホッブズにおいてこのように労働は、その果実が社会と文明の基礎となるものとされている。そしてその果実を守って、社会と文明を可能にするために、社会契約が必要となる。法と国家は、勤労の果実を守るために要請されるのである。

これにたいして同じくイングランドに生まれた**ジョン・ロック**（一六三二〜一七〇四）は、人間の

ジョン・ロック

John Locke
1632-1704

イングランドの清教徒の家に生まれる。知識は経験から得られるもので、人間は生まれつきタブラ・ラサ（白紙）であると主張した。政治の面では王権神授説を否定し、公権力に対する個人の優位、政教分離を説き、イギリス議会初期の自由主義政党であるホイッグ党の理論的支柱となった。

所有が労働から生まれるという発想を明確に示した。ロックはホッブズとは違って、自然状態が戦争状態にはならないと考える。人間は生存するという自然の権利をもっており、社会に共存することは、その自然の権利に基づくものであるとみなしたからである。「人間はひとたび生まれるや生存の権利をもっており、したがって食物飲料など、自然が彼らの存在のために与える物をうける権利をもつ」[6]のである。豊かな自然が与えるものは、万人の共有するものである。「本来何人(なんぴと)も、それらがこのように自然状態にあるかぎり、それに対して他の人々を排斥して、私的支配権をもたない」[7]。

ホッブズにおいては、労働の成果を保護するために、国家と法が要請されたのであるが、ロックにおいては、すでに社会のうちで獲得している所有を保護するために、国家と法が要請される。ただしホッブズと同じように、この所有は労働の成果として獲得されたものである。ロックにおいては、人間は労働によって豊かな自然から必要なものを獲得するが、そのように獲得したものをどのように自己の所有物として確保することができるのかが問われる。そのときに手掛かりになるのが、誰もが自分の身体は自分だけのものとして所有していることである。自然の産物は「万人の共有のものであっても、しかも人は誰でも自分自身の一身について所有権をもっている。これには彼以外の何人も、なんらの権利を所有しないものである」[8]。

だから「彼の身体の労働、彼の手の働きは、まさしく彼のものであるといってよい。そこで彼が自然がそなえ、そこに残しておいてその状態からとりだすものはなんでも、彼が自分の労働をまじえたのであり、そうして彼自身のものであるなにものかをそれにつけ加えたのであって、このようにしてそれは彼の所有となる」[9]。

ここでロックは、個人の身体の所有権に基づいて、その身体の労働によって獲得したものにたいして、各人の所有権が発生することを指摘する。「身体の労働と手の働き」こそが、個人に所有権を与えるのである。労働が権利を発生させる。この権利は、労働の産物だけに限定されない。耕した畑は、彼の労働が投入された場所であり、その所有権もまた労働した者に与えられる。こうして私有財産の制度と権利が生まれるのである。

ただしこの権利はまだいわば「裸の」状態であり、ホッブズが指摘したように、他者の羨望と略奪から保護されていない。ロックはホッブズと同じように、各人の所有権を保護するために、社会契約が締結される必要があると考える。社会契約によって国家を設立することの目的は、「彼らの所有権の享受を確保し、かつ共同体に属さない者による侵害にたいしてより強い安全保障を確立し、彼らに安全、安楽かつ平和な生活を相互のあいだでえさせることにある」[10]。

この国家の設立の目的はホッブズと同じであるが、ホッブズが暗黙のうちに労働の産物によって生まれるとみなした個人の所有権を、ロックは明示的に労働の概念を提起することで確立する。労働こそが、人間が社会を構築し、社会のうちで共存する可能性を作りだす営みである。ここにおいて近代の労働概念が所有権と国家の設立の根幹をなすものとして、明示的に定められたのである。

第3節　ヒュームによる変容

「黙約」による社会の構築

このように労働を人間の権利と社会の根源と考えたのはロックであるが、スコットランド生まれの**デイヴィッド・ヒューム**（一七一一～一七七六）はこれにわずかな変容を加えることで、ロックが提起した社会契約という概念を消滅させてしまう。ヒュームのこの思想は前の章で考察したスミスの分業によって可能になる社会の概念とともに、伝統的な社会の理論とはまったく違

デイヴィッド・ヒューム

David Hume
1711-1776

スコットランドのジェントリ（郷紳）の子として生まれる。人間の知識は経験に由来し、超越的なものは認識不可能であるという経験論の立場から懐疑主義を徹底。無神論として批判され、望んだ大学での職を得られなかった。同じスコットランド生まれのアダム・スミスとは親しく交わっていた。

う視点を提供するものだった。

ヒュームは、さまざまな生物のうちで、労働する必要があるのは人間だけであることを指摘する。動物もまた狩りをして食物をとるが、それは労働と呼ばれるような辛い行為ではないし、動物には生存のために必要な手段がそなわっているとヒュームは考える。たとえばライオンはたくましい身体をもっていて、自分の必要な獲物を狩ることができる。牛や羊にはそのようなものはないが、「嗜欲は適度で、食物は容易に入手できる」[11]。ただ人間だけが欲望の大きさや種類と、身体にそなわる能力が不釣り合いで不自然なのである。そのために「食物の生産に労働が要求される」[12]ようになったとヒュームは指摘する。

しかし人間の労働には、三つの欠陥があるとヒュームは述べている。第一の欠陥は、「各個人が別々に、ただ自分自身のために労働するときには、人間の力は小さすぎて、何らかの著しい仕事を遂行するに足りない」[13]ことである。単独者の労働では、本人の欲望を満たすためにも不十分である。第二に、「一人の人の労働がそのさまざまな必要のすべてを補うために用いられ、従って個々の技術が完全の域に達することは決してない」[14]という重要な欠陥がある。個人ですべての仕事を遂行しようとしても、技術的に不十分であるために、成功はおぼつかないのである。第三に、各人の力はばらばらで安定しないものであり、人々ができるかぎりの力を発揮しても、それに応じた成果が生まれるとは限らないという欠陥がある。多くを実現できる人も、そうでない人もいるだろう。同じ人において、あるときには成功しても、また別のときには失敗することもあるだろう。

人間の個人的な労働のこれらの欠陥を補うのが社会の役割である。社会を形成することで、人間は個々の個人にまつわるこうした欠陥を是正することができる。第一の単独者の労働の不十分さは、多数の人々の力を合わせて協力することで解決できる。第二の技術的な不十分さは、それぞれの人が自分に適した仕事をして、その成果の余剰を交換することで、すなわち分業によって解決できる。第三の安定性と均衡の欠如の問題も、社会を形成したことで生まれる集団の内部での相互援助によって、「たがいに助けあうことで、われわれが運命や偶然にさらされることは少なくなる」[15]ことで解消できるだろう。

ヒュームは労働によって所有権を基礎づけることなどは目指さず、各人が個別に行っている労働の不十分さを、社会的な共同労働によって解決する可能性に、社会の構築の根拠をみいだす。そしてヒュームの理論構成においてユニークなことは、そのために特別な社会契約のようなものが必要とされないことである。そこには明示的な契約ではなく、「黙約」のようなものがあればよいという。誰もが自分の所有するものを他者から奪われたくないと考える。そのためにはどうすればよいだろうか。

ホッブズであれば、社会契約で国家を設立し、その国家に警察の機能をはたさせることを考える。ロックも社会契約で政府を樹立し、その司法の機能によって権利を保護することを考える。ところがヒュームは、自分が他者の所有を奪わないことによって、自分の所有も守られると考える。誰でも理性的に考えてみれば、「各人が幸運と勤勉によって獲得できたものを平和的に享受させておく[16]」ことが、自分にも有利なことであるのが分かるはずだという。

わたしが他人にたいして行うのと同じことを他人もわたしにたいして行うとすれば、「他人の物財を他人に所持させておくのが、わたしの利益となる」[17]だろう。そして他人もまた自分の行動を、この観点から規制することに利益を感じるだろう。だからたがいに自分の所有物を守り、他者の所有物を侵害しないことが、自己の所有物を安全に確保するために必要であることを認識できるはずである。

この理性による洞察は、契約のような明示的な取り決めを締結することで表現されるのではなく、暗黙のうちの約束というかたちをとることで示されるという。そのことをヒュームは見知らぬ人々がある目的地に向かって進もうとするボートに乗り合わせた場合を実例として語っている。「たとえば、ボートを漕ぐ二人の者は、オールを動かすときに約定をとりかわすことは決してないが、合意ないし黙約によってオールを動かす。所有の安定性に関する規則も、人間の黙約からくる」[18]のだとヒュームは主張する。契約も約定もなしで、誰もが協力し合わなければ、目的地にたどりつけないことを知っているのだというのである。

ロックは労働から権利が生まれると考えたが、ヒュームは労働の産物を安全に所有するという目的から、ごく自然に所有と権利という観念が生まれると考える。「他人の所有にたいしては、自分の欲望を控えるという黙約が結ばれて、各人が自己の所有の安定を獲得してしまうと、ここにただちに、正義と不正義の観念が起こり、また所有や権利や責務の観念が起こる」[19]とヒュームは考える。ヒュームのこの考え方は、社会契約という観念を明確に否定するものである。社会が契約のような外的な手段によって形成されるのではなく、暗黙の了解という内的な同意に基づいて自然に生まれるのだという。これは思想的な僚友であったアダム・スミスが「見えざる手」を信じていたのと同じように、社会が契約などの超越的な手段によって形成されると考えるのではなく、その内部から内在的な方法によって社会が形成されることを主張するものであり、社会思想史のうちでもとくにユニークな考え方である。ただしどちらの考え方においても、社会の構築のための基軸となるのは、人間の労働とその産物である所有の保護であった。

第4節 ルソーの労働論

労働が生み出した不平等と法・社会との関係

人間が原始的な生活から離脱して文明にいたるまでの歴史を、人間たちのあいだで不平等な社会状態が生まれる歴史として描いたルソーの『人間不平等起源論』によると、自然状態から社会状態に移行するにあたっては、労働のために必要となる技術の発達が重要な役割をはたしていた。フランス生まれのルソーは人間の歴史において、何らかの自然の劇的な変化のために、野生人が自然状態のままでは生き延びることができなくなったと想定している。人々は集団で農耕をしなければならなくなったのである。しかし採集生活から農耕生活に移行するためには、何よりも技術的な開発が重要だった。採集生活をしている人々の集まりから農耕生活に移行するには、いくつもの障害があった。

第一の障害は、小麦を栽培するための道具が存在しなかったことである。第二の障害は、小麦を栽培して収穫したあとにそれを処理して調理するための技術と道具が存在しなかったことである。第三の障害は、野生人には目の前の食物を食べるのを放棄して種を蒔くという行為に必要な将来についての予見能力が欠如していたことである。第四の障害は、「苦労して栽培したものを他人が横取りするのを防ぐ方法がなかったことである[20]」。

ここで挙げられた障害のうちで、まず何よりも第三の障害を克服することが必要となろう。この予見能力の獲得ということは、人間が獣であることをやめるための重要なステップであり、野生人が社会的な人間になるために必要な前提条件である。これは人々が集団で生活するようになった段階で、すでに克服されていると考えることができるだろう。第一と第二の障害は、農業の発展と不可分なものであり、農業の進展とともに解決されることだろう。「こうして一方では土地の耕作と農業が誕生し、他方では金属を加工する技術と、金属を利用するさまざまな方法が誕生したのである[21]」。そこで問題となるのは第四の障害である。人々の所有をどのようにして保護すればよいだろうか。

人々は集団生活を始めて、農耕を開始し、新たな技術を開発することで、農業生活を実現したのであり、この生活こそが現代につながる文明生活の端緒となる。このようにして農業生活を始めると、いくつかの新たな要素が誕生することになる。第一は、自分の耕作する土地から収穫する権利を人々から認められるためには、労働が必要であることが確認されたことである。「耕作者がみずから耕した土地の産物を自分のものとする権利を獲得するのは、ただ労働によってのみである」[22]。まだ私的な所有というものが認められていない原初的な段階にあっては、土地に実際に労働を投下した人に、その土地からの収穫を確保することが認められることになるだろう。所有は労働によって基礎づけられる。これはロックの理論と同じである。

第二に、このようにしてみずから労働を投下した人物には、その土地から収穫するための権利が認められ、それは所有物として承認され、「各人に各人のものを与えよ」という正義の規則が承認される。第三に、このようにして土地の所有の権利が認められるようになると、さまざまな能力や才能や力量などの違いによって人間のあいだに不平等が発生することになる。技術の利用がこのような不平等と格差の違いをさらに大きなものとすることになるだろう。そして第四に、このようにして大きな財産を所有するようになった人々は、みずからの私有財産を保護し、所有の権利を無視する者にたいして、そのような権利の侵害を禁じる法を定める国家というものが樹立されることになるだろう。このようにして国家と法とは、「自然の自由をもはやとりかえしのつかないまでに破壊し、私有財産と不平等を定めた法を永久のものとして定める」[23]ようになるのである。

ルソーはこのようにして、労働が生み出した不平等が法と社会を作りだし、人間の自由を破壊したことを明らかにするのであり、そのような不平等に基礎づけられた社会を改革するための社会契約を提唱するのである。ルソーによるとこの社会契約こそが第四の障害を克服して文明を実現する手段となり、社会の中で新たな自由を構築する可能性を作りだすのである。

第5節 カントの労働と遊戯

利己的な非社交性による労働

このようにイギリスとフランスでは労働にかかわる理論は、社会における所有の概念を軸に展開されたが、ドイツでは**イマヌエル・カント**（一七二四～一八〇四）が、労働について人間の尊厳と進歩という観点からユニークな議論を展開していることに注目しよう。カントは労働という

イマヌエル・カント

Immanuel Kant
1724-1804

ドイツの馬具職人の子として生まれる。人間理性の可能性と限界を洞察した三批判書(『純粋理性批判』『実践理性批判『判断力批判』)を著し、フィヒテ、シェリング、ヘーゲルへと連なる思想的系譜の端緒となった。また、常備軍の全廃や国際連合の創設を提言した『永遠平和のために』を著す。

営みが人間にとって生きていくために必須のものであると同時に、辛く過酷なものであることを認めている。しかし人間はこの辛い労働を経験することで、よりよい状態へと進歩していくと考えるのである。

これはカントに特有の非社交的社交性という概念とよく似た考え方である。カントは人間には、集まって社会を形成しようとする社交的な傾向があると同時に、孤独を愛し、自分の利益だけを優先し、そのためには他者を害しようとする非社交的な傾向もそなわっていると考え、これを非社交的社交性と名づけた。人間にそなわるこうした非社交的な傾向は、それだけでは悪であるが、この悪によって人間は人間のあるべき姿に向かって、尊厳をそなえた人格として進歩していくのである。

このような非社交性がなければ、「人々はいつまでも牧歌的な牧羊生活を過ごしていたことだろう」[24]。しかし自然は人間が尊厳をもった理性的な存在になることを望んでいたと、カントは主張する。そのためにこそ、人間には利己的な目的を追求する非社交性がそなわっているのである。この傾向によって人間は他人と競い合い、争い合いながらでも、自分の生活を向上させようと望むのである。「自然が人間に望んでいるのは、怠惰で、無為なままに満足する生活から抜け出して、労働と労苦の生活のうちに身を投じることである」[25]。カントは労働という営みには、社会を構築するためのこのような重要な役割があると考えたのである。

「輝かしき悲惨」

カントは労働が文化を発達させるために重要な役割をはたしていると考えた。カントは、ルソーの『社会契約論』に依拠しながら、労働が所有の基礎となると考えている。ただしカントは、人間の労働がこのように社会と国家を支えるための土台となることを認めながらも、現実の世界においては労働は悲惨な状態にあると考えている。それはどうしてだろうか。

文明化された社会において高度の文化が実現されるためには、人間がある種の営みに熟練する必要があるだろう。そして才能のある人は、日々の糧を得るために労働するのではなく、熟練したその営みに全力を振り向けることが必要になるだろう。そのため社会の内部である種の分業が必要になるのである。

社会の大多数の人々は、このような高度の文化的な産物を作る人々や、それを享受する人々のためにひたすら働かなければならないだろう。「人類において熟練をもっともよく発達させる手段としては、人間のあいだの不平等にまさるものはない」[26]とカントは考える。多くの人々は「生活必需品をいわば機械的に供給しているが、しかしそのためには特別な技術を必要とするものではない」[27]のであって、そのためにこれらの人々は「圧迫された状態におかれてほとんど楽しみとてもなしに、つらい労働にいそしまなければならない」[28]ことになる。

人々のうちで熟練性が高まるにつれて、高度な文化的な産物が作りだされるとしても、その際に下層階級の人々は上層階級の人々から暴力を行使されて苦労するのであり、上層階級の人々は自分たちのうちで満足させることのできない貪欲さのために苦労するようになるのである。カントはこの見かけだけの文明社会のありかたを「輝かしき悲惨[29]」と呼んでいる。そしてこのような状態はそのままで放置されるならば、人間の尊厳を傷つけるものであり、人間が存在する目的そのものに反するものであると考える。

人間がみずからの欲望を満たすためには労働が必要であるが、そもそも人間は欲望を満たすたんなる動物としてこの世に存在するのではなく、尊厳のある存在として生きるためには、労働という辛い活動のうちでみずからを規律と訓練によって鍛えながら、みずからの自然の素質を最大限に発揮すべきだと考える。このようにして人間がみずからの人生の価値を高めることこそが、ある意味では人間の地上における最終目的であると考えるわけである。そのためには人間たちは見かけだけの文明社会から脱して「公民的な社会[30]」を作りだす必要があるとカントは主張するが、それはこのような公民的な体制においてこそ、「人類のすべての根源的な素質が発展することになる[31]」と考えるからである。

教育としての労働

このようにカントは人類がその根源的な素質を発揮して、公民的な社会体制を構築するのが人間の最終的な目的であると考えたが、そのためには辛い労働のうちでみずからを訓練する必要があると考えた。カントはさらに人間が労働することは社会のためだけではなく、自己を向上させるための熟練と、技術を開発するようになるためのきっかけにもなるとも考えている。

人間は誰もが働いて、社会に貢献しながら生きることを求められる。しかし労働する人は、自分の好きなことをするのではない。自分の好きなことをするのは遊戯である。労働は辛い仕事である。そしてその労働の辛さに耐えられるようになることが、人間としての品位を高めるのだとカントは考える。そのためには人間は幼い頃から精神を「教育される」必要があるとカントは考えたのだった。

この精神の教育には、二種類のものがある。自然による教化と、道徳的な教化である。精神の自然による教化としては、自由な教化と学校的な教化を考えることができる。自由な教化は、子供たちが学校などにおいて強制されずに教育されるものであって、遊戯に等しいものとみなされる。これにたいして学校的な教化は、学校で強制されることで学ぶことであり、この強制という特徴によって、それは労働と等しいものとみなされる。「学校的な陶冶は子供にとって労働たるべきものであり、自由な陶冶は子供にとって遊戯たるべきものである」[32]。

「子供が働くことを学ぶのは、きわめて大切なことである。人間は働かなければならない唯一の動物である」[33]。だから子供が生きるために働くことを学ぶのは大切なことである。しかしカントは、労働の意味は、生計を立てること、社会に貢献することなどとは別の側面があると考える。それが自分の好まないことも、仕事として、労働として行う習慣をつけるということである。そしてそれは人間がみずから必要とすることであり、好むことでもある。「人間は仕事を、しかも一種の強制をともなう仕事さえ、望むものだからである」[34]。

このように人間が精神的に向上するためには訓練が必要であり、そのために労働が役立つというのは、カントが啓蒙の精神のもとで労働の人間学的な効用として考えてきたことである。この労働と訓練が目指すものは、精神に品性を与えることである。品性とは「何かをしようとする強固な企図と、次にその企図を実際に実行することにある」[35]。このように企図の強固さとその遂行は、労働において、与えられた課題を遂行するための訓練を経ることで初めて可能になるとされている。

ただしこの強制は、人間の成長の段階に応じて異なるものとなる。幼い子供には規則を外部から与えて、それに従順に従うことを教えねばならない。「ほかの子供を叩いてはいけません」とか「先生から言われたことにしたがいなさい」と、幼稚園児には教えてやらねばならない。「子供の品性を陶冶したいと思うなら、すべての事柄の中に、一定の計画、一定の法則を認めさせ、これにきわめて厳格にしたがわせることが、非常に大切である」[36]とカントは言う。そしてそれに違反したならば、何らかの罰を与えて、将来は違反しないように動機づけなければならない。

しかし子供が成長してきたときには、たんに強制するのではなく、義務という観念を育てさせる必要がある。この義務とは、その子供の心のうちに植えつけられた道徳的な原理、すなわち義務の法則のことである。幼児の従順は処罰の恐れから生まれるが、成長した少年の従順は「義務の規則に服従することである。義務に基づいて何かをするということは、理性にしたがうことを意味する」[37]のである。こうして子供は労働の強制によって、処罰への恐れから義務の観念へと理性を自然に陶冶していくのである。

労働による道徳的な教化

このように義務の観念が植えつけられるまでは、教育という名前の労働は、理性の自然の陶冶のプロセスとして行われるだろう。ここまでは精神の自然な教化の段階であったが、少年が、そのようにして植えつけられた義務の観念を、みずからの理性を行使しながら遵守するようになると、それはすでに精神の道徳的な教化が始まっているのである。

幼い子供のための理性の自然の陶冶では、〈自然なあり方〉を目指す。そうした傾向性が子供にとって自然なものとなるようにするのが目的である。しかし理性の道徳的な陶冶は、〈自由〉を目指す。少年は理性を行使して道徳的な主体となり、真の意味で自由になることが求められるのである。しかしこの自由はどのようにして生まれるのだろうか。

子供は労働のうちで強制され、自分で定めた法則をきちんと守ることで、品格を高める。これは理性の自然の陶冶である。しかしこれは外的に強制されたもので、自由ではない。「教育の最大の問題は、法則的な強制に服従することと、自分の自由を使用する能力とを、どのようにして結合するかにある。なぜなら強制は必然的である。わたしはどのようにして、強制しながら自由について啓発することができるだろうか」[38]。

だから道徳的な教育という営みは、きわめて逆説的な性格をそなえているのである。教育ということは、人間に学びという労働を与えることである。労働は強制されたものであり、わたしの自由な意志を阻むものである。しかしそれが道徳的なものであるということは、わたしが自由な意志によって選択することを意味する。道徳的な教育とは、「自由に行為する者としての生き方ができるように、人間を陶冶する」[39]ということだからである。

この強制と自由との相克は、義務の観念を完全に内面化することで克服できる。わたしは義務を感じる。それは法則的な強制に服従することである。しかしそれが外部からの強制ではなく、わたしの自由な意志によって行われるならば、それはもはや強制ではなく、自由な意志による選択である。だから「われわれは子供に強制を加えるが、その強制は彼を導いて、自分自身の自由を使用できるようにするものである。子供を教化するのは、彼が将来自由になることができるためであり、換言すれば、他人の配慮によらなくてもよいようになるためである」[40]。

このように労働による強制は、まず子供に外部から与えられた命令に服従する従順さを植えつけ、次にそうした命令に含まれる一般的な法則を道徳的な原理として、みずから自由な意志で選択するように、理性を陶冶するという意味をそなえているのである。労働はこのように人間が生存するために営まなければならない辛い活動であり、ある種の悪でもあるが、人間はみずからにこのような辛い労働を強要することによって、自己の理性を陶冶し、人格的な存在としての尊厳をもてるようにすることができるとみなされている。労働はすでに考察してきた「人間を陶冶する」という目的を実現するための重要な手段である。カントは労働は辛いものではあるが、人間がその歴史を推進していくためには不可欠なものと考えているのである。

第6節 ヘーゲルの労働論

意識のはじまり

ドイツにおいてカントの思想を批判的に受け継いだ**ゲオルク・ヴィルヘルム・フリードリヒ・ヘーゲル**（一七七〇～一八三一）は、労働の問題を根源的に考察するために、人間が自己意識をもつためにはどのように過程を踏むのかということから考えた。ヘーゲルによると人間の意識というものは最初はごく自然なかたちで、自己のうちに安らいでいるという。これが意識の原初の状態であるが、意識が意識であるためには、意識は外界の事物に向かう必要がある。意識とは「何ものかについての意識」だからである。意識はまず、自分の外部に世界があることを認識し、世界を知覚している。そして目の前にある紙を眺めて「ここにあるのは紙である」とか、その時刻について考えて「今は夜である」と確信する。この感覚的確信は、意識にとって絶対的な確実さをそなえている。

しかしこの外部を知覚する意識は、その絶対的な確実さが、きわめてはかないものであることに気づくようになる。「今は夜である」という命題は、その意識にとってそれを意識したその時点では絶対に確実であるが、その命題を紙に書きつけておいて夜が明けてから読み直せば、それは虚妄である。今度は、「今は朝である」が絶対に確実な命題になっている。

この虚妄さに気づいた意識は、確実なのは感覚的な確信ではなく、そのような知覚を行う意識という自己そのものであることを認識するようになる。意識は最初は自己を完全に肯定して安らいでいたが、この安らぎの状態を否定して、外部にある他なるものの意識へと移行した。しかしこの他なるものについての意識が虚妄になりうるものであることを自覚した意識は、この他なる意識を否定して、意識する自己の確実さへと立ち戻る。「真なるものからおのれ自身へと還帰する」[41]のである。このようにして意識は感覚的な確信を否定的に経由して自己意識に到達する。これが意識が自己意識になる弁証法である。

自己意識の弁証法

このようにして自己意識になった意識は、他なる自己意識の存在に気づくことになる。意識は今では外界の事物だけではなく、自分と対等な自己意識の存在に目覚めたのである。カントとヘーゲルをつなぐ役割をはたしたヨハン・ゴットリープ・フィヒテ（一七六二～一八一四）は、こうした自己意識の運動を考察したという意味で、ヘーゲルの自己意識の弁証法を先取りしていた。フィヒテは何よりも確実なものを探して、デカルトと同じように自己についての意識に到達した。フィヒテにとって自己意識は絶対的な確実さをそなえたものである。そしてこの自己意識の確実さに依拠して、この自己意識の確実さから、世界の全体を再構成しようとする。フィヒテは「知識学」という構想によって、この自己意識の確実さから、自己意識の外部に存在するものを措定する手続きを開始する。自己意識である全能の自我が、自己意識の外部である非我を措定する。他我の存在もこのようにして自我が措定したものであると考えるのである。

しかしヘーゲルは、フィヒテのように自己意識から考察を始めるのではなく、その前段階として、外部を認識する単純な意識から考察を開始していた。意識は感覚的な知覚の虚妄に気づいて、初めて自己意識へと還帰するのである。そして単独で全能の自我が、非我としての他我を措定するフィヒテの「知識学」の超越論的な主体の理論とは違って、ヘーゲルは自己意識というものが、単独の自己だけでは実現されないことを承知している。他者が存在し、他者を意識することなしには、そして他者が自己と同等な他者であるということを認識しなければ、人間の意識が真の意味での自己意識となることはできないのである。「自我は他者に対立して自己自身であると同時に、この他者を超えて包みもしており、したがって他者は自我にとっても、まさに自分自身であるにすぎない」[42]のである。

そしてこの自己意識としての自我が、まだ社会というものが成立していない自然状態で他者と出会うと考えてみよう。ホッブズ以来の政治哲学は、この自然状態を想定することで議論を展開してきたが、ヘーゲルは近代の社会契約論で考察された人間の「自然状態」という想定を強く批判していた。万人が万人にとって狼となる戦争状態というホッブズの自然状態論は、国家の形成を説明するために導入された社会契約論の土台となる理論であり、これは現実に行われた契約を想定するものではなく、社会の形成のために必要とされる理論的な仮説のようなものとして想定されている。ところがヘーゲルは、国家の設立にあたってそのような社会契約のような仮説が必要であるとは考えなかったのであり、社会契約論そのものには批判的である。ホッブズの自然状態では、すでにそれぞれの人が私有財産をもち、あわよくば他者の財産を奪おうとするので、すべての人がすべての人にとって狼となる戦争状態であると想定した。しかしこの想定は、いくつもの多くのことをすでに前提している。自然状態において人はどのようにして財産を蓄積しているのか、他人の財産を奪おうとする欲望はどのようにして生まれるのかなどについてはいかなるかたちでも説明されていない。ルソーの政治哲学をはじめとして、その当時すらすでにこのホッブズの自然状態の理解は、その裏面において資本主義の社会を前提としていることを批判していたのである。

ヘーゲルはこのような自然状態において人間が他者と出会ったときにどのようなことが起こるかについて、ホッブズのように財産の存在を前提とせずに、そしてロックのように財産を構築するための労働の役割についても前提とせずに、裸の人間と裸の人間との出会いとして考察しようとした。外部の対象を認識する意識から自己意識に還帰した状態の意識が、他なる意識に出会うときにはどうなるだろうか。ヘーゲルはこのときにはわたしの自己意識は他者を一人の人間として、自己意識をもつ独立した別の存在として承認するだろうと考える。この自己意識は他の自己意識と出会ったときには、ホッブズの想定したように相手の財産を奪おうなどとは考えずに、自分と対等な他なる自己意識と出会えたことに喜ぶだろうと考える。

ただしわたしの自己意識はそのことだけでは満足できないだろう。他者もまた自分と同じ一つの自己意識であり、この他なる自己意識にとっては、わたしは他者であるだろう。そのとき、他なる自己意識がわたしを自分と対等な他者として承認してくれるかどうか、わたしは確信することができないだろう。他者にとってわたしは、たんなる動物と同じような取るに足らぬ存在にみえているかもしれないのである。その可能性についてはわたしは自分の自己意識に問い掛けてみれば確認できる。こうしてわたしの自己意識は他者においてみずからの自己意識が否定されているかもしれないことに気づく。そこでわたしの自己意識は、他者にたいして、わたしが相手と同等な自己意識であることを承認してほしいと要求することになるだろう。

承認を求める闘争

ここで両者のあいだに、たがいに他者を自己と同等で対等な存在であることを承認するように求める闘争が発生するとヘーゲルは考える。たがいに相手にたいして、自己の自己意識が相手と対等な自己意識であることを、相手が自己を一つの自己意識であることを認めることを、自分の生命を賭けてでも求めて戦うのである。「そこで両方の自己意識の関係は、両者が死を賭する戦いによって、自分自身の、またおたがいの証しを立て[43]」ようとするのである。

この自己意識の出会いにおいては、それぞれの自己意識は相手がたんなる動物のような取るに足らぬ存在であるとみなしている可能性があることを想定しなければならない。そして相手にたいして、自分は自己意識をもつ人間であることを証明しなければならない。ヘーゲルは自分がたんなる生き物としての動物であるのではなく一人の人間であることを証明するためには、自分の生命を賭ける行為に出る必要があると考えている。この戦いは二人のあいだの戦いであるから、これはたがいに自分の生命を賭けて、相手を殺す用意があることを示すことである。「各人は他者に〈挑み〉、他者をまったくの尊厳のための生死を賭しての闘争に引き入れなければならない。そしてこの闘争の中に他者を引き入れた後、自己が殺されぬためには、他者を殺さざるをえない[44]」のである。この闘争の結果として、二人が殺し合い、誰もいなくなるか、両方とも譲らずに、力の強いほうが相手を殺してしまうか、あるいは片方が生命を惜しんで相手に屈服することで、両方が生き残るかのいずれかになるだろう。誰もいなくなるならそれでおしまいだし、片方だけが生き残るのでは、状況は二人が出会う前と同じである。自己意識をめぐる状況に変化が生じるのは、片方が自分の命を惜しんで屈服した場合だけである。その場合には、一方の自己意識は自分の生命を失うことを恐れずに戦うことによって自立的な意識であることを承認されるだろう。そして他方の自己意識は自分の生命を失うことを恐れて、従属的な意識であることに甘んじることになるだろう。自立的な意識は主であり、隷属した意識は奴である。

すでに確認したように、たんなる意識は弁証法を経験して自己意識となったが、この自己意識はこのように他者との承認を求める闘争において、新たな弁証法を経験したのだった。自己意識は最初は自己を肯定して自足していたが、他なる自己意識に出会って、みずからをそのまま肯定していることができず、生命を賭した戦いによって、相手の自己意識を否定し、そこで他者から承認される自己意識へと還帰することができた。ここで自己意識は他なる自己意識の存在を認識することができたのであり、ここに自己意識の弁証法は終了する。

道具の弁証法

このようにして他者から承認された自己意識としての主は勝ち誇って、自分の生命の維持に必要なものを手にいれるために、奴に労働するように強いるだろう。奴は自然に働きかけ、「物に労働を加えて加工する」[45]ことを強いられるのである。労働しない主は、自然とのあいだでは、奴を通じた間接的な関係をもつだけである。奴は主に強いられて自然に働きかける労働をする。

このように自然に働きかける人間の営みは、奴にとっては強いられたものであるが、そもそも人間はこのようにして労働することによって自然と直接に交わり、自然に加工し、何ものかを生産するものである。人間の定義に、制作する動物(ホモ・ファベル)という定義がある。たとえばフランスの思想家の**アンリ・ベルクソン**(一八五九~一九四一)は、人間と動物を質的に異なる存在としているのは知性が存在するかどうかであり、知性とは、「人為的なものを作る能力、とくに道具を作るための道具を作る能力であり、またかかる制作を無限に変化させる能力である」[46]と規定して、人間は知性人(ホモ・サピエンス)であるよりも工作人(ホモ・ファベル)であると規定している。人間はこのように労働することによって、道具を使って自然に働きかけることによって、動物とは異なる「人間」という存在になってきたのだった。

ヘーゲルは若い頃の『イエーナ精神哲学』では、このような人間の労働を、欲望をもつ人間の活動そのものとして描きだしていた。人間はこの労働によって動物から人間になるのである。人間は生存のために自己の欲求を満たす必要に迫られる。しかし人間が動物と異なるのは、欲望の充足を延期することを知っていることにある。「労働は欲望の抑制であり、消失の延期である」[47]からである。

人間は自分の欲望をその場で充足するのではなく、自分の今の欲望の充足を延期する。手元にある一〇〇粒の穀物は、今そこで食べれば、空腹を満たすことができる。しかし今この欲望を充足するために食べてしまうと、穀物は「消失」する。しかしこの穀物を種として畑に蒔いてみたらどうなるだろう。来年の秋には一万粒になって戻ってくるかもしれない。そして一万粒になってから、一〇〇粒でも二〇〇粒でも千粒でも、好きなだけ消費すればよいのである。

労働するということは、今そこにある欲望を抑制し、消失を延期させることだ。これが人間が、欲望を充足するために目の前にあるものを消費して満足する動物と異なる存在になるための第一歩であるとヘーゲルは位置づける。次の一歩は、道具を作ることである。土を耕すためには、何か道具が必要である。最初は木を削ったものでもいいだろう。しかしやがては金属の有用性が認められ、鉄製の鋤のようなものが作られるだろう。

この道具は、たんに労働するために便利なものではない。そこには人間の営為と工夫のすべてが投じられている。人間の智恵の塊なのだ。それは人間そのものと言ってもいいだろう。「労働は現実に自己を物とする」[48]行為である。道具という物のうちに、人間は自己を外化するのである。道具において人間は自分の知性を内的なものとしてではなく、ほんらいのありかたを否定された物質的なものとして外化するのである。外化された理性は道具においてその否定的な姿を示す。「道具において、あるいは、耕作された、実り豊かな畑地において、自我は可能性を、一つの普遍的な内容としての内容を所有する」[49]とヘーゲルは論じた。

道具において、実り豊かな畑において、人間はもはや動物ではなく、人間であることを確証する。労働と道具こそが、何よりも人間が人間であることを明らかにするものとみなされたのである。このように人間の知性を否定的に媒介した道具によって、重要な肯定的な成果を獲得するという道具の弁証法においては、奴としての人間が自然に働きかけることで、欲望を延期することでその欲望をさらに十分に満足させることができる存在となることを明らかにした。道具は外化というかたちで否定的に実現された人間の知性であり、欲望であり、この欲望はこのように否定的に実現された知性である道具を通じて、最大限に充足されるのである。

労働の弁証法

このようにして奴は主の命令で労働しながら、自然に働きかけることによって、人間の人間らしさを実現してきたのだった。奴は自分が主の命令によって他律的に労働するだけでなく、自然にたいしては道具を作り、利用するという自律的な行為をすることを学んできたのである。人間としての奴は自然との加工においては、「自ら自覚的に自分だけで(対自的に)存在する」[50]ことを自覚するようになる。「他者の意ばかりにしたがっているかにみえたまさにその労働において我が意をえている」[51]のである。奴は労働のうちで、世界を変え、自己を変える。この労働の結果として、真の意味で自立的な存在となったのは奴である。それは労働によって初めて可能になったのである。この労働は人間と自然のあいだ、主と奴のあいだで二通りの弁証法的な運動を生みだす。

まずこのように奴から承認された主は、自己を肯定し、他者を否定しながら、奴となった他者に労働を強いる。奴は主の命令で自然とのあいだの戦いである労働を開始する。労働するということは、自分の身体を酷使することであり、自然にたいして自己の欲望の充足を否定しながら、自然からその果実を手にすることである。しかし奴はこの自己否定としての労働によって、自然からその対価としての産物を獲得したのであり、しかも労働することで、みずからのうちに技術と経験を蓄積することができたのである。ここに人間と自然とのあいだの労働の営みという弁証法が成立したのであり、この労働こそが、人間をたんに自然から与えられる恵みを摂取して生きている動物とは異なり、労働する人間としての人間存在にしたのである。

しかしこの奴の労働という営みは、自然とのあいだで弁証法を生みだしただけでなく、主とのあいだにも別の弁証法を生みだしている。承認を求める闘争で勝利した主は、他者を否定して奴とすることによって主としての存在を誇っているが、否定された奴は、みずからの欲望の充足を否定しながら労働することによって、この誇っている主を実際には奴隷の地位に貶めて（おとし）いるのである。

この段階ではもはや自立しているのは奴であり、従属しているのは主である。奴は労働することで自立した主になり、主は奴の労働に依存していたことで、従属した奴となった。主と奴はその立場を逆転させたのである。奴は労働して自分の手で自然に働きかけることで、世界を変えたのである。「この世界が変えられた以上、奴は自己自身をも変える。（中略）したがって、歴史的な過程、人間的な存在者の歴史的な生成は、主、すなわち戦闘する者ではなく、奴、すなわち労働する者が生み出す仕事である」[52]。承認を求める闘争という自然状態では主であった者は、歴史的な世界では、奴隷に依存する者となった。奴はみずからの欲望の充足を否定することで、自分を否定する存在であった主を否定し、主の主となることができたのである。これが主と奴のあいだの弁証法である。

この労働の弁証法が、主を奴にし、奴を主にしたのである。労働には、自然を作り変える働きだけではなく、人間そのものを変える働きがあるのである。ヘーゲルによると労働することで人間は初めて人間らしい存在になることができたのであり、労働にこそ人間の人間らしさとしての人間性が生まれると考えることができる。ヘーゲルにおいて労働はたんなる労苦ではなく、人間らしさを形成するものとして、きわめて肯定的に描かれたのだった。

カール・マルクス

Karl Marx
1818-1883

ドイツのユダヤ人ブルジョワ家庭に生まれる。ジャーナリストとして活動後、フランス、イギリスに亡命。資本家による労働者搾取の構造を分析した『資本論』を著し、階級のない社会を目指す社会主義運動の理論的支柱となるとともに、後世の経済学、社会思想に多大な影響を与えた。

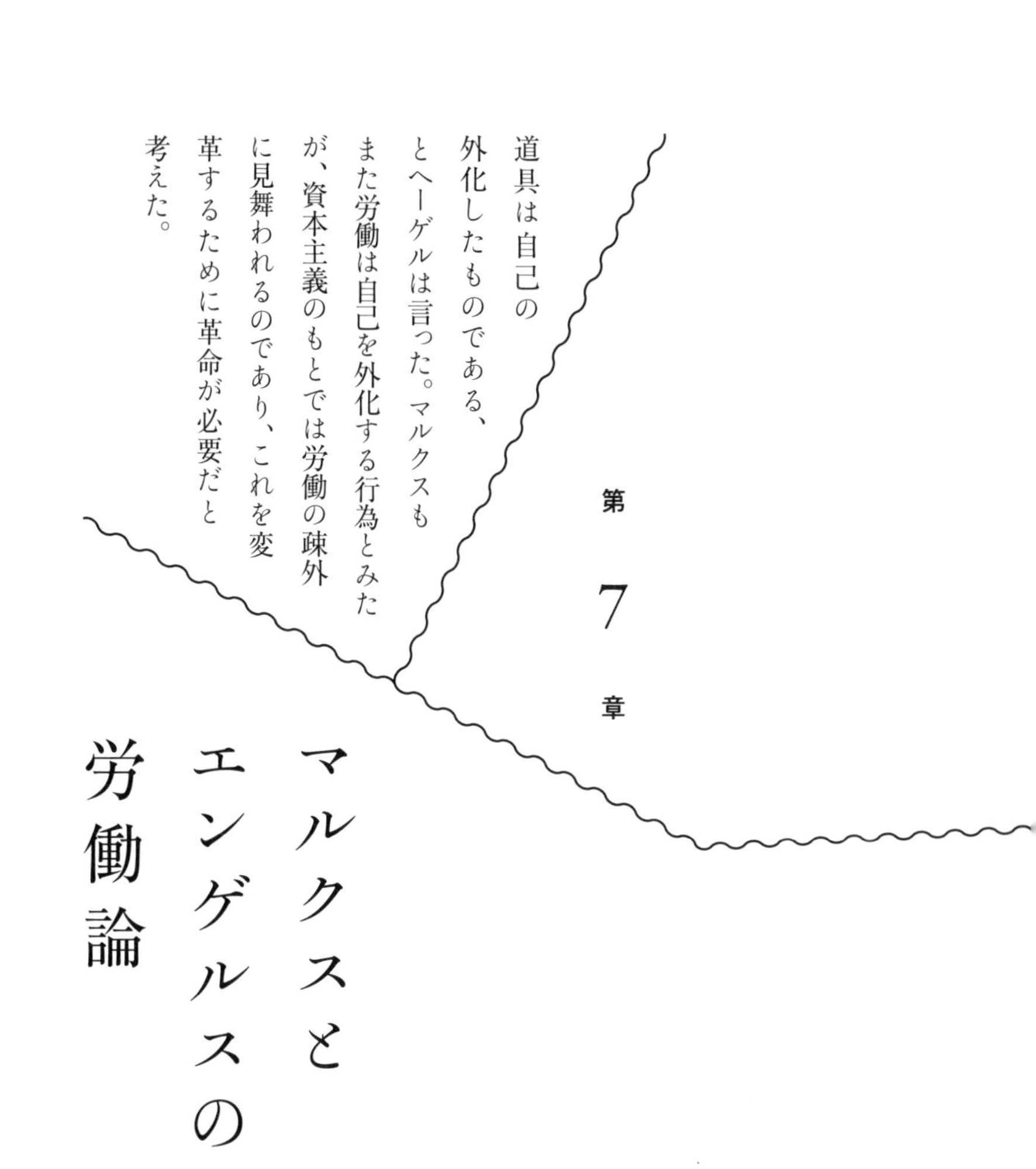

第7章 マルクスとエンゲルスの労働論

道具は自己の外化したものである、とヘーゲルは言った。マルクスもまた労働は自己を外化する行為とみたが、資本主義のもとでは労働の疎外に見舞われるのであり、これを変革するために革命が必要だと考えた。

フリードリヒ・エンゲルス Friedrich Engelst 1820-1895

ドイツの経済学者、社会主義者。カール・マルクスの盟友。マルクスとともに労働者の団結を呼びかける『共産党宣言』を著す。マルクスの活動を物心両面で支え、マルクス没後は遺稿を整理し、『資本論』第2巻、第3巻を編纂。

第1節 人間にとっての労働の意味

エンゲルスの労働論

ヘーゲルの労働論をもっとも直接的に受けいれたのが**フリードリヒ・エンゲルス**である。エンゲルスは人間が動物でなくなるプロセスを次のようにたどっている。まず人間は直立歩行することで、手を使えるようになり、やがて脳が発達する。「手の特殊化、それは道具を意味し、そして道具は人間に特有の活動、自然にたいする人間の変革的な反作用、つまり生産を意味する」[1]。

人間は手を使って自然に働きかけ、生産することで、動物と異なる存在になったと考えるのである。エンゲルスは、たしかに道具を使う動物もいるようだが、「人間だけが自然にたいして自分の刻印を押すということをなしとげた」[2]と指摘する。それはまずは手の働きの成果であるが、それとともに脳が発達し始める。「人間の頭脳と手があい携え、かつ並行して、また部分的には手をつうじて、相関的に発達していったのでなかったとすれば、手だけではとうてい蒸気機関は完成されなかったであろう」[3]。

こうして直立歩行する人間が手で道具を使い、生産し、頭脳を働かせて工夫することで、文化が形成される。エンゲルスにとっても人間は労働することで人間になるのである。社会が形成されたのも労働のおかげである。「労働の発達によって相互の援助、共同で行う協働の機会はより頻繁になる」[4]からである。

こうして人間は自然を支配するようになる。「そしてこれが人間をして人間を他の動物から分かつ最後の本質的な区別であって、この区別を生みだすものはまたもや労働なのである」[5]。人間が人間となるのは労働によってであるという考え方は、一九世紀のエンゲルスの時点で、もはや疑うことのできないものとなっている。

マルクスの労働論

ヘーゲルの主奴論を受け継いだ**カール・マルクス**（一八一八〜一八八三）にとっても、労働こそが人間とその他の動物との違いを作りだすものであることは間違いのないことだった。マルクスは人間と動物の違いについて、「動物も生産しはする。ミツバチやビーバーやアリのように動物も巣や住居を作る。しかし動物はただ自分や子どものためにすぐに必要なものしか生産しない。動物は一面的に生産する。これにたいして、人間は普遍的に生産する」[6]と指摘する。「普遍的に」ということは、個別の個体としてではなく、「類として」ということだ。

動物は自分の肉体的な要求にしたがって、必要なものを作りだす。しかし「人間は肉体的欲求から自由にみずから生産し、しかもこの自由のなかではじめて真に生産する」[7]のである。この生産活動は、「対象世界の加工」と呼ばれているが、これがヘーゲルの自然への働きかけとしての労働の概念を受け継いだものであることは明らかである。「人間がおのれを類的な存在としてはじめて現実に実証するのは、対象世界の加工において」[8]なのであり、「この生産活動は人間の活動的な類としての生活なのである」[9]。

第2節 マルクスの労働価値説

労働過程論

初期のマルクスはこのように、労働することを奴の労働と同じように、自然の事物を対象化すること、自然に手を加えて加工あるいは処理して、「対象」とすることとして考えている。やがてマルクスは『資本論』においては、この自然との関係をさらに根本的に考え直すことになる。それが労働過程論と呼ばれる議論である。

この議論ではマルクスは、労働を広い意味での自然との相互関係として考えている。ヘーゲルの主奴論において〈奴〉が〈主〉の命令で自然に加工したのと同じように、人間は労働において自然と物質代謝を行う。「労働とはまず何よりも、人間と自然の間で行われる過程であり、人間が自分の行為によって自分と自然の物質代謝を媒介し、調節し、制御する過程である。人間は自然の素材にたいして、みずからも自然の力として向き合う。人間は自分の生活に使用できる形式で自然の素材をみずからの物とするために、腕、脚、頭、手など、自分の身体にそなわる自然力を働かせる」[10]。

このように労働は人間が自然に働きかける一つの形式である。この労働過程は、三つの要素で構成されている。労働そのもの、労働対象、労働手段である。人間は道具などの労働手段を使って、自然の素材である労働対象に働きかける。これが労働そのものである。その労働が行われるのは、何らかの有用なものを獲得するためである。たとえば獲物を狩り、果物をもぎ取り、畑を耕して野菜を育てる。野菜を育てる場合には、労働手段は鍬や鋤などであり、労働対象は自然の大地であり、労働そのものは、耕作である。奴は道具を使って自然の大地を耕作し、種を蒔き、水をやり、やがて収穫する。

人間がこのように労働するのは、労働の果実である生産物、この場合には食用の野菜が欲望の対象であり、生産物には食べられるという固有の価値があるからである。この価値は、使用価値と呼ばれ、その生産物の有用性によってその価値の大きさが決定される。「この労働過程は、使用価値を作りだすという目的に適った行為である。この労働過程は人間の欲望を充足するために自然に存在するものを取得する行為であり、人間と自然の物質代謝のための一般的な条件であり、人間の生を規定する永遠の自然条件である。だからこれは人間の生のいかなる形式にも依存せず、すべての社会形態に共通したものである[11]」。

第3節
労働による疎外

搾取

マルクスは、ヘーゲルと同じように人間と他の動物との違いを作るのは労働であると考えていたが、現実の資本主義社会において人間の労働はプロテスタントの諸派の考えるような「聖なるもの」とはまったくかけ離れたものだった。マルクスが労働と階級社会について検討していたのは一九世紀の半ば、資本主義の原初的な蓄積がもっとも厳しいかたちで実現された時期だった。それまで共同体の内部で生活していた人々は、農地の囲い込み、資本主義的な農業経営の進展で共同体における生活を奪われ、都市に生活の場を求めざるをえなくなっていた。

イギリスでは一七七〇年には、貧民たちが安易に救貧制度に頼らないようにするために「理想の救貧院」が構想されたが、この法制度で導入された長時間の過酷な労働によって、ほどなく「恐怖の家」と呼ばれるようになった。この「恐怖の家」では一日一二時間、貧民たちに労働させることが定められていたのである。これは「資本にとっての夢」だった。しかしこの救貧院は、やがて貧民に労働を強いる巨大な施設に変身する。この施設は「わずかな年月の後に、マニュファクチュア労働者自身にとっての巨大な〈救貧院〉として登場した。これは工場という名で呼ばれた」[12]のである。「一八三三年の工場法によると、通常の工場労働日は朝五時半に始まり、夜の八時半に終わるとされている。そしてこの一五時間という制限時間のうちであれば、青少年たち、すなわち一三歳から一八歳までの子供たちを一日のいずれかの時間帯において働かせるのは、適法とみなされる」[13]。

すなわち子供であっても朝から夜まで、または夕方から朝まで、いつでも働かせることができるのである。この過酷な工場労働がどれほど労働者の身体と精神を蝕(むしば)んだかは、僚友のエンゲルスの著書『イギリスにおける労働者階級の状態』にまざまざと描かれている。たとえばロンドンの多数の労働者街の密集していたウェストミンスターのある教区では、一八四〇年の統計によると、五二九四の「住宅」(エンゲルスは「もしもそれがこの名に値するとすれば」と注記している)に、五三六六世帯の労働者の家族が、男女も年齢も「ごったまぜに投げ込まれ、総計二万六八三〇人に達し、しかも上記の家族数のうちの四分の三は、たった一室しかもっていなかった[14]」という。一室で親子四人が暮らせれば、まだましなほうだった。「ロンドンでは、今夜どこに自分の身体を横たえたらよいかわからない人が、毎朝五万人も起床する[15]」のだった。「一八世紀末から一九世紀にかけてのイギリスにおけるほど、大量の人間が悲惨な生活を送ったことはいまだかつてなかった[16]」と語られるほどの悲惨な労働条件だった。

アダム・スミスは『国富論』の冒頭において、分業がどれほど作業員の生産性を高めるものであるかをピンの製造を実例にとりながら描いていたが、こうした分業の効率の高さは、工場では機械化によって実現された。機械は夜間でも休まずに働きつづけ、耐久年数は長い。そして熟練工の仕事は、子供でも操作できる単純作業に還元される。こうして労働者のあいだの競争はさらに激化してゆく。「機械類によって駆逐された労働者たちは、仕事場から労働市場へと放りだされる。そして資本制的な搾取に自由に利用できる労働力の数を増やすことになる[17]」のである。労働は自己実現の場であるどころか、資本家による搾取の現場であり、生存を賭けて、他の労働者と競争する場になっていたのである。

四重の疎外

マルクスはアダム・スミスの労働価値の概念を批判しながら、資本主義は労働者が提供する労働力を利用して、長い時間にわたって労働させて剰余価値を「搾取する」と指摘した。しかし労働の意味を重視するマルクスにとって、この搾取の概念よりもさらに重要な意味をもつのが、疎外という概念である。労働はすべての商品の価値を作りだすものであるにもかかわらず、現実のイギリスにおける労働は、過酷なものとなっていた。神からの召命としての労働の思想と、現実における「搾取」との乖離ははなはだしいものであり、それについて説明しなければならない。マルクスがそのために利用したのが、この「疎外」という概念である。

疎外（エントフレムドゥング）という概念は、ヘーゲルの外化（エントオイセルング）という概念を基礎としたものである。すでに道具について考察したように（前章第6節）、ヘーゲルは、道具とは人間の理性が物になったものであると考えていた。人間の理性は精神的な働きであるだけでなく、物として、外に現れたものとなる必要がある。内的なものは、外的なものにおいて表現される必要があるのだ。しかし理性にとっては、物となることは、自分自身でなくなること、一つの疎外にほかならない。理性は外化され、物象化されることで、その精神としてのほんらいのありかたを否定される。しかし人間の理性は外化されて他者に見える「物」とならないかぎり、何ものでもないとヘーゲルは考えた。自分がどれほどの優れた詩人であると思い込んでいても、他者に示すことのできる作品という形で、自分の精神を外化しないかぎり、その思いはたんなる独善的な思い込みにすぎない。

マルクスはこのヘーゲルの「外化」という概念から、「疎外」という概念を取りだし、労働におけるその否定的な側面を考察する。たしかにヘーゲルの語るように人間は労働することによって、自分の作りだした世界のうちに自分の姿を見てとる営みであるはずだった。しかし疎外された賃金労働においては、人間は四重の疎外を経験し、その疎外のうちに人間の理性の営みとしての労働の意味はほとんど失われてしまうとマルクスは考える。

第一に労働者は生産物から疎外される。ヘーゲルの道具の理論では、外化されたものとしての道具を使った労働によって自然に働きかける人間は、その産物を自分のものとすることができるし、その産物のうちに自己の精神が実現されることで、自分をみいだすことができていた。もちろん労働において人間の精神は外化されるのであるから、精神は労働の産物において自己を表現するのであり、労働者は自分の作品に自分の精神の表現をみいだして誇りを抱くことができるはずだ。

しかし工場生産においては、労働者は生産物をみずからのものとすることはできない。生産した製品は資本家の所有物である。また労働者は生産物において自分をみいだすこともできない。その産物は自己とは疎遠なものである。「労働者はみずからの生命を対象に注ぎこむ。しかし、対象に注ぎこまれた生命はもはや彼のものではなく、対象のものである。(中略)彼の労働の生産物であるものは、彼ではない。したがって、この生産物が大きくなればなるほど、労働者自身は貧しくなっていく[18]」のである。

第二に労働者は生産行為そのものにおいても疎外される。まず労働者は、賃金を受け取るために、自分の労働力を資本家に売らねばならない。この売られた時間内において、労働者は資本家に命じられたように労働しなければならない。この労働はみずから望んだものではなく、みずからの発意のもとで行われるものでもなく、強制された労働である。たしかに労働者は自由な契約のもとで、自発的に就労する。しかしこの自発性は、労働しなければ生存できないという理由から生まれたものであり、みせかけだけの自発性、強いられた自発性である。

この強制された労働は、「労働者にとって外的であり、労働者の本質に属さず、そのために労働者はみずからの労働においてみずからを肯定せず、むしろ否定し、幸福と感じずに、むしろ不幸と感じ、自由な肉体的・精神的なエネルギーを発揮するどころか、その肉体を消耗させ、その精神を荒廃させる」[19]ものにほかならない。労働者がくつろぎ、幸福であるのは、労働していないときである。労働者は、「労働以外のところではじめて自己のもとにあると感じ、労働しているときには自己の外にあると感じる」[20]のである。

第三に労働者は、人間にとってみずからの人間らしさを発揮できる営みであるはずの労働という行為そのものを、目的ではなく生存の手段とせざるをえない。それは、人間の類としての本質的な活動から疎外されるということだ。すでに考察したように、マルクスは労働こそが人間の類としての重要な活動だと考えていた。「生産的な生活は類としての生活である。それは生活を産みだしていくような生活である。ある動物種の生命活動の様式のうちには、その動物種の全性格が、その類的性格がひそんでいる。そして自由な意識的活動こそが人間の類的性格である。ところが、生活そのものであるはずのものが、生活手段のようにしかみえないのである」[21]。

動物にあっては「労働」は生命活動そのものである。動物は生存し、子育てをし、種として存続するために生きる。狼は群れをなして狩りをする。それは「労働」と呼ぶべきものではなく、むしろ生存するということそのもの、生存という目的そのものであって、生存のためのたんなる手段などではない。しかし疎外された労働においては、人間は自己の自由な活動を、自己の実現を放棄せざるをえない。人間は労働以外のところでしか、生存しているという喜びを感じることができない。労働においては、自由を否定され、強制されて働いているという疎外感を抱かざるをえないのである。「疎外された労働は、自己活動や自由な活動を手段に貶めることによって人間の類としての生活を彼の肉体的生存の手段としてしまう」[22]のである。

第四に、疎外された労働においては、労働者は仲間と労働の喜びを味わうことができない。同じ工場で働く労働者は、潜在的には競争相手であり、誰もが他人を人間としてではなく、「彼自身が労働者として身を置く基準や関係にしたがって他人を見る」[23]ようにならざるをえない。労働において人間は他人と対立し、そして自己と対立している。「人間の類的な存在が人間から疎外されているという命題は、ある人間がほかの人間から、そしてかれらの誰もが人間的本質から疎外されているということを意味する」[24]のである。

このように、現実の資本主義の生産体制のもとでの賃金労働は、このような四重の意味での疎外のもとにあったのである。マルクスはこのような苦しい労働にあえぐ人々をプロレタリアートと呼んだ。労働することによってしか生きることができず、しかも労働することにおいてこうした疎外の極にあるプロレタリアートは、「人間性を完全に喪失しているために、自己を獲得するためには、人間性を完全に再獲得しなければならない階層」[25]である。プロレタリアートは資本主義的な生産様式の根幹にある私有財産を否定し、「これまでの世界秩序の解体を告げ知らせる」[26]任務を負っているとマルクスは主張するのである。

労働の疎外の廃棄

マルクスはこのように疎外の極にあるプロレタリアートが、資本主義的な生産様式の廃棄と、疎外された労働の廃棄を遂行する役割をはたすことを期待した。資本主義社会では、ブルジョワ階級が私有財産制度のもとで、生産手段を手中に収め、労働者は賃労働によって、その労働力を切り売りするしかない。「ブルジョワ階級の存続と支配にとっての本質的な条件は、私人の手中での富の蓄積である。つまり、資本の形成と増大である。そして資本の条件とは、賃労働である[27]」。

しかし工場での賃労働をせざるをえないプロレタリアは、団結して革命を起こすことができる。「ブルジョワジーは何よりも自分たちの墓掘人を生み出しているのだ。ブルジョワジーの没落とプロレタリアの勝利はともに不可避である[28]」という。

マルクスによれば、この革命によって生まれるはずのコミュニズム社会で、賃労働とは異なる種類の新しい労働と新しい生き方が実現されることになっていた。この新しい生き方とはどのようなものだろうか。それは資本の増殖だけを目指した労働を廃棄することである。「労働者が資本を増殖するためだけに生き、支配階級の利益が要求する範囲でのみ生きる[29]」ことをやめることである。「ブルジョワ社会では、生きた労働は［商品の中に］蓄積された労働を増殖するための手段にすぎない。コミュニズム社会では、蓄積された労働はひとえに、労働者の生活の営みを広げ、豊かにし、向上させるための手段である[30]」。

重要なのは、このように賃労働を廃止することによって、「他者の労働をみずからの隷属下におく力[31]」が廃棄されることになり、労働は協同社会のうちで、万人の自由を発展させるための力となると考えられていることである。「階級と階級対立を伴う旧ブルジョワ社会にかわって、一人一人の自由な発展が万人の自由な発展の条件となるような一つの協同社会が出現する[32]」ことをマルクスは期待したのである。

マルクスとエンゲルスは自分の手で何かを作りだす労働は、もともとは喜びを伴うものだったと考えている。資本主義的な生産様式における機械化と分業が、その喜びを奪ったのである。「プロレタリアの労働は、機械の拡大と分業によって、自立した労働という性格をいっさい失い、労働者自身にとっても、いっさいの魅力が消えてしまっている。労働者はたんに機械の部品でしかない[33]」ものに成り下がったのである。革命によって資本主義的な生産体制が廃絶されれば、もともと労働にそなわっているはずの魅力が戻ってくるだろうと考えたわけである。

この生産体制が廃絶されて、その「土台をなす私的所有が廃止され、生産が共産主義的に規制され、これにともなう当然の結果として人間とその生産物との疎遠な関係がなくなれば、需要と供給の関係の力はまったく効かなくなって、人間は交換、生産、彼らの相互的な関係のありかたを自由に支配しうる力をとりもどすことになる[34]」というわけである。

この革命の論理は、「共産主義革命は従来の働き方を槍玉にあげ、労働を廃絶し、そしてあらゆる階級の支配を階級そのものと同時に廃止する[35]」というものである。それは同時に労働をこのような疎外されたものとして人間たちに強制する装置となっている国家を廃絶することである。「プロレタリアたちは、人格的に認められるためには、彼ら自身のこれまでの存在条件を、すなわち労働を廃止しなければならない。したがってまた彼らは社会の諸個人がこれまで自分たちに全体的表現を与えてきた形態、すなわち国家にたいして直接に対立しており、彼らの人格性を貫徹するためには、国家をたおさなければならない[36]」のである。マルクスとエンゲルスは労働の疎外を廃絶するためには、現在の所有の形式に依拠し、これを維持しようとする権力を行使している国家を、革命によって廃絶しなければならないと考えたのである。

アソシエーション

マルクスによれば、これによって生まれるのは国家とはまったく異なる種類の新しい協同社会である。「分業の廃止は協同社会(ゲマインシャフト)なしには可能ではない。協同社会においてはじめて、各個人にとって彼の諸素質をあらゆる方面に発達させる諸手段が存在するのであり、したがって、協同社会においてはじめて、人格的自由が可能になる[37]」からである。

分業が廃止された共産主義社会では「私は今日はこれをし、明日はあれをするということができるようになり、狩人、漁師、牧人、あるいは批評家になることなしに、私がまさに好きなように、朝には狩りをし、午後には釣りをし、夕方には牧畜を営み、そして食後には批判をするということができるようになる[38]」。このような社会では人間は労働するだけではなく、人々と交わり、批判をする生活を営むことになるだろう。

そして労働そのものは、「自発的な手と臨機応変な精神と喜びに満ちた心で自分の仕事をこなすアソシエーション労働[39]」に変わるだろう。このアソシエーション労働とは、労働手段を資本家の独占から取り戻して、社会的なかたちで所有することによって生まれる労働のことである。これは共同生産方式を個別の工場ではなく、コミュニズム革命の力で、社会全体で所有する労働組織を実現することによって初めて可能となる労働なのである。革命によって、「階級的な区別と特権は、それを生み出した経済的土台とともに消滅して、社会は自由な〈生産者〉のアソシエーションに変わるだろう。他人の労働で暮らしていくようなことは、もはや過去のものとなるだろう[40]」。

アンリ・ド・サン＝シモン

Henri de Saint-Simon

1760-1825

フランスの名門伯爵家に生まれる。産業者を主体にした楽観的な進歩主義による近代社会を構想。生前は評価されなかったが、没後、理工学系エリート養成機関エコール・ポリテクニークの学生やナポレオン3世に多大な影響を与え、フランスの産業革命を推進する原動力となった。

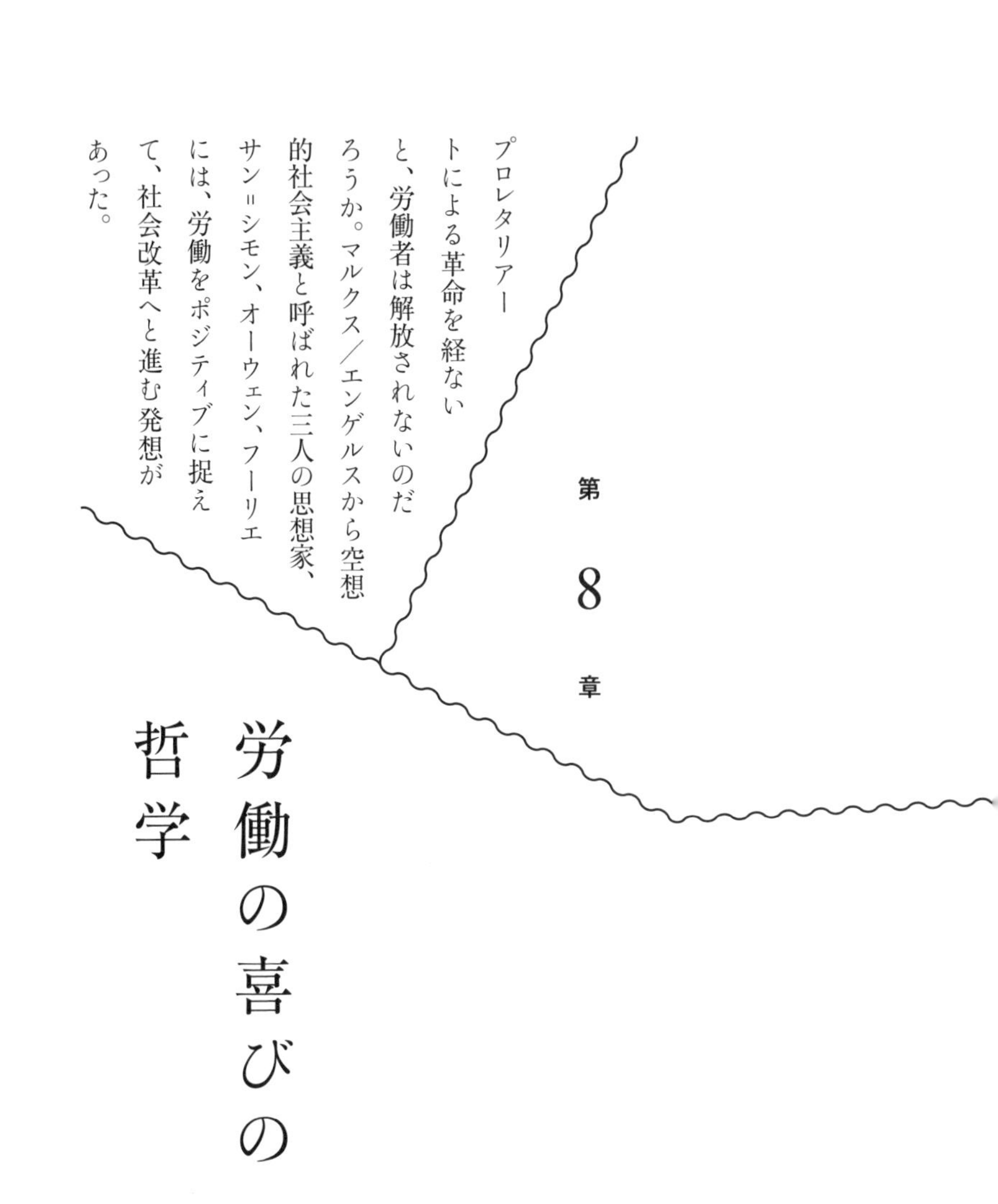

第8章

労働の喜びの哲学

プロレタリアートによる革命を経ないと、労働者は解放されないのだろうか。マルクス／エンゲルスから空想的社会主義と呼ばれた三人の思想家、サン＝シモン、オーウェン、フーリエには、労働をポジティブに捉えて、社会改革へと進む発想があった。

エマニュエル＝ジョゼフ・シエイス Emmanuel-Joseph Sieyès 1748-1836
フランスの革命指導者、司祭。労働する第三身分（平民）が国民の代表と訴える『第三身分とはなにか』はフランス革命に影響を与え、のちのユートピア社会主義の理論的柱となった。ナポレオンによるクーデターを支援した。

ニコラ・ド・コンドルセ Nicolas de Condorcet 1743-1794
フランスの数学者、哲学者。数学を基とした社会改革を提唱。フランス革命後の恐怖政治に反対し、投獄された際に『人間精神進歩史』を執筆。社会学の祖とされるオーギュスト・コントから「精神的父」と称された。

ディヴィッド・リカルド David Ricardo 1772-1823
イギリスの経済学者。アダム・スミスの労働価値説を科学的法則として理論化し、投下された労働量と関係なく、労働者の賃金により商品の価格が変わるとし、経済学の礎を築いた。マルクスはリカルドの説を発展させた。

ルートヴィヒ・フォイエルバッハ Ludwig Feuerbach 1804-1872
ドイツの哲学者。ヘーゲル哲学から出発し、やがて決別。唯物論的無神論の立場からキリスト教を強く批判、エアランゲ大学の職を追われる。マルクスやエンゲルスに強い影響を与えた。著作に『キリスト教の本質』など。

ヨセフ・ディーツゲン Joseph Dietzgen 1828-1888
ドイツの社会主義者、哲学者。皮なめし業を営むかたわら哲学を研究、マルクス、エンゲルスとは独立して弁証法的唯物論に到達。『共産党宣言』に接し社会主義者となる。後にドイツ民主共和国（東ドイツ）の切手に描かれた。

アウグスト・ベーベル August Bebel 1840-1913
ドイツの社会主義者。1866年に設立されたばかりの第一インターナショナルに加盟。フェルディナント・ラサールの全ドイツ労働者協会らと合同し、ドイツ社会主義労働者党結成。党幹部会議長を務め、帝国議会の議員も兼務した。

フェルディナント・ラサール Ferdinand Lassalle 1825-1864
ドイツの社会主義者。ドイツ初の労働者政党全ドイツ労働者協会の創設者。1857年『ヘラクレイトスの哲学』を出版し、ベルリン哲学学会の寵児となった。マルクスとはイタリア統一戦争の評価をめぐり意見が対立、決裂した。

マックス・シェーラー Max Scheler 1874-1928
ドイツのユダヤ系哲学者。医者として出発するも、哲学と社会学に関心をもち、人間の本質を自己意識と自己観察から哲学的に考察する哲学的人間学を提唱。現象学の創始者であるフッサールと交流するも、のちに決裂。

第1節 フランス革命と産業者階級の理論

労働者の「階級」概念について

すでに確認してきたように、アダム・スミスにおいて生産的な労働と非生産的な労働の概念が提起されていた。工場内での職務の分割の利点については、スミスが『国富論』においてその有効性と生産性の高さをピンの生産を実例として圧倒的な説得力で示したが、分業は工場内部での労働の分割として行われるだけではなく、社会的な職業の分割としても行われるのであった。そして問題なのは、このような社会的な職業の分割としての分業は、やがては国民の階層的な対立関係を生み出したことである。スミスの分類による「生産的な労働」に従事するのは多くは貧しい労働者であり、「非生産的な労働」に従事するのは、多くの場合、貴族や商人などの上の階層の人々に雇用される労働者である。

そもそもスミスの考えた職業の分類によれば、社会のすべての人々は、生産的な労働者であるか、非生産的な労働者であるかのどちらかである。ほんらいこの考え方からは、階層の概念は生まれても、働く人々だけで構成される「階級」という考え方は生まれないだろう。生産的な労働者は多様な人々の集まりであって、それが一つの「階級」を構成するとは考えられていない。それに働かない人々も、非生産的な労働者も、生産的な労働者の生み出す価値に頼って生きているのであり、生産的な労働者と対立する関係にあるわけではない。階層とは異なる「階級」という概念が生まれてきたのは、ブルジョワジーの階級は宿命的にプロレタリアートの階級と敵対するというマルクスの信念によるものだった。

マルクスは「これまでのいっさいの社会の歴史は、階級闘争の歴史である[1]」と断言し、「われわれの時代、つまりブルジョワジーの時代の特徴は、階級対立が単純になったことである[2]」と総括して、近代の「社会全体は、二つの大きな、敵対し合う陣営にますますはっきりと分かれている。二つの大きな相互に直接に対峙しあう階級、つまりブルジョワジーとプロレタリアートである[3]」と主張した。マルクスの思想においてはブルジョワとプロレタリアの対立は階級的な対立であり、これは私有財産の廃止という革命なしでは、解決できない絶対的な対立なのである。

ところがこうしたプロレタリアートの概念を採用しない思想家においては、このように労働者がつねに「階級」を形成して、ブルジョワジーと対立するという構図が必ずしも生まれるとは限らない。労働者はたしかに特定の集団を形成するとしても、労働者以外の人々と絶対的に対立するとはみなされない。そしてマルクスとエンゲルスのプロレタリアの労働理論とは別のかたちで展開された理論においては、労働について「疎外」とは異なる考え方が展開されてきた。

このような労働の思想を展開した思想家たちとして、マルクスとエンゲルスによって「空想的社会主義者たち」と呼ばれた思想家たちの系譜がある。エンゲルスが「三人の偉大な空想的社会主義者[4]」と呼んだのは、**サン゠シモン、フーリエ、オーウェン**だった。これらの思想家は、「そのころまでに歴史的に生まれていたプロレタリアートの利益の代表者として登場したのではない[5]」という特徴があり、「啓蒙思想家たちと同じように、彼らは、ある特定の階級を解放するのではなく、全人類を解放しようとする[6]」ために、思想的に欠陥があるとされていたのだった。彼らが「空想的」と呼ばれたのは、マルクス主義では資本主義の世界において疎外されていない労働を実現することができると考えるのは「空想」であり、甘い楽観的な考え方であるとみなされたからである。

しかし革命が実現しなければ、現実の世界における労働がすべて疎外の極にあり、わたしたちは労働の喜びを享受することができないと考えるのは、あまりに偏った考え方ではないだろうか。それにわたしたちの労働は、プロレタリアとしての労働だけに限定されるものではないし、現代の労働概念を考察する上で、こうしたプロレタリア的な労働の概念は硬直したものと思われる。革命が実現すればすべてがよくなり、革命なしでは絶望的な世界を生きるだけであるというのは、革命家らしい考え方ではあっても、革命の理念が失われた現代にあっては、もはや維持できないと言わざるをえない。わたしたちは彼岸での救済を望むのではなく、現世における労働をよりまともなものとするように努めざるをえないのである。

シエイスの第三身分の理論

この章ではこれらの「空想的社会主義者たち」の労働の思想について考察するが、フランスにおいてこうした思想の前提となった思想家である**エマニュエル＝ジョゼフ・シエイス**（一七四八～一八三六）の思想についてまず考えてみよう。シエイスの第三身分の思想が、その後の「ユートピア社会主義」と呼ばれた潮流における労働と労働者についての理論の前提となったのである。

フランスでは革命が近づくと、スミスが指摘したような生産的な労働と非生産的な労働に従事する人々の対立ではなく、現実の身分における階層的な対立が人々に明確に意識されるようになる。フランスでは伝統的な第一身分が聖職者であり、第二身分が貴族であり（これには国王を含む）、第三身分がその他の人々であった。これは古代の三種類の人間像（五三ページ）を引き継ぐものであったことに注意しよう。スミスの分類では、第一身分も第二身分も非生産的な労働者であるか、労働しない人々であった。第三身分が働く人々であり、これらの人々が国民のほとんどすべてを占めていた。こうした雑多な人々が一つの身分を構成することを明確に示したのが、シエイスであった。

シエイスは、社会を維持するために必要なのは、「民間の仕事と公共の職務である[7]」と指摘する。民間の仕事は、農業、産業、商業、サービス業に分類される。これらの仕事をしているのはすべて第三身分の人々である。公共の仕事も軍事（剣）、司法（法服）、宗教（教会）、公務員（行政）に分類される。第一身分と第二身分の人々もこれらの仕事に携わることもあるが、圧倒的な多数を占めるのが第三身分である。シエイスは「第三身分がいたるところでその二〇分の一九を占めている[8]」と指摘している。

その上でシエイスは、第三身分が存在しなければ、社会が維持できないこと、第三身分はその仕事の業務内容によって、さまざまなものごとの管理や運営に長けており、そもそも第一身分と第二身分が存在しなければ、社会の運営はさらに円滑に進むはずであることを主張する。「第三身分なしでは、何ごとも進まない。それ以外のものが存在しなければ、何もかもずっとうまくいくであろう[9]」というわけである。そこからシエイスが提示する結論は、第三身分こそがすべてであるということである。「第三身分は国民としての属性をすべてそなえていると言える。第三身分ではないものは、自分が国民に属するとみなすことはできない。第三身分とは何か、すべてである[10]」。

そこから、第三身分の代表で構成される「議会」が、国の憲法を定めるべきであるというフランス革命の思想が展開されることになる。この第三身分は、民間の仕事の全体と、公務の二〇分の一九を占める仕事を遂行している人々の集合であり、スミスの生産的な労働と非生産的な労働の分類とは違う基準で考えられている。これらの人々は貴族や聖職者と対比して、市民と呼ばれる人々であり、そこにはブルジョワとプロレタリアの両方が含まれている。フランス革命を主導するのは、最初はブルジョワジーであり、後の段階では、ブルジョワジーとプロレタリアートの二つの階級が対立するようになる。シエイスの段階ではまだ、それらは一体となって考えられている。人々の労働そのものが考察されることはなく、人々は職業の分類によって身分を確定されるのである。

サン＝シモンの産業者の理論

このシエイスの思想を受け継いで、第三身分を第一身分と第二身分との対比される「身分」としてではなく、産業活動に従事する人々の集まりとして、その役割を明確に規定したのが、**アンリ・ド・サン＝シモン**（一七六〇～一八二五）である。シエイスは一七四八年に生まれ、フランス革命の一七八九年には四一歳だった。それよりも少し遅れて一七六〇年に生まれたサン＝シモンは、フランス革命の年には、二九歳である。サン＝シモンは、シエイスの「第三身分」の概念に代えて、「産業者」という概念を提起した。「産業者とは、社会のさまざまな成員たちの物質的欲求や嗜好を満足させる一つまたは複数の物的な手段を生産したり、それらを彼らの手にいれさせるために働いている人たちである」[11]。具体的には、彼らは「農業者、製造業者、商人と呼ばれる三大部類を構成している」[12]ということになる。

この産業者の分類は、シエイスの第三身分とほぼ重なるが、シエイスの分類は、職業を下位の分類基準とする身分の分類であり、官吏なども含められていたのにたいして、サン゠シモンの分類では、身分ではなく、職業活動で明確に分類されている。そして人々がどのような地位の仕事に携わるかという観点からではなく、生産的な活動を行っているかどうかという観点からみられている。その意味ではスミスの純粋な経済的な分類とシエイスの政治的な分類を組み合わせたものと言えよう。この産業の階級は、他の階級を扶養しているのであり、「ほかの諸階級は、産業者階級のためにつくさねばならない」[13]と、サン゠シモンは指摘する。

この階級分類で注目されるのは、ブルジョワと産業者は明確に対立する関係にあると主張されていることである。フランス革命の前に、革命の主体を構築する必要に駆られていたシエイスとは異なり、サン゠シモンは革命の成果を独占したブルジョワとは異なる階層としての産業者の概念を確立しようとした。国民は革命前には、「国民は三つの階級、つまり貴族、ブルジョワ、産業者に分かれていた」[14]のであるが、革命ののちには、統治者の階級と産業者の階級に対立することを指摘する。「革命を起こして自分たちの利益になるように革命を指導したブルジョワは、公共財産を思うがままに利用する貴族の独占的特権を廃絶した。彼らは統治者の階級に入ることが許されたので、産業者は今日では、貴族とブルジョワに統治代金を支払わなければならなくなっている」[15]というのである。

ところが産業者は「社会のうちで最も有能にして最も有用な階級[16]」であるのに、「最下位のものとされている」[17]のである。だからサン＝シモンの目的は、「社会の金銭的利益の高度の指導を、産業者の手に移させるために、貴族、軍人、法律家、不労所得者、つまり産業者でない諸階級の手から離させることが、暴力的手段を用いずにできる」[18]ようにすることである。ブルジョワが「産業者でない諸階級」と定義されていることからも、サン＝シモンのブルジョワの概念が資本家としてのブルジョワというマルクスの概念とは異なることが明らかだろう。

それが可能であるのは、産業者にはいくつもの優位があるからである。第一は数的な優位である。「産業者は国民の二十五分の二十四以上をなしている。それゆえ彼らは肉体的な点で優越している」[19]のである。第二は知的な優位である。「彼らは知性の点でも優越している。なぜなら、彼らの才覚こそ、公共の繁栄に最も直接的に寄与しているからである」[20]。第三は現実的な処世の能力の優位である。「彼は国民の経済的な利益をはかることが最もよくできる者である」[21]。

そのためにサン＝シモンが目指すのは、革命によらず、政党を組織し、世論を産業者を重視する方向に導くことである。この改革は、パリから全フランスへと普及し、フランスから西ヨーロッパ全体へと普及すると考えられている。「ひとたびパリの産業者が［政党に］組織されれば、全フランス人の組織化、またこれに続いて西ヨーロッパのすべての産業者の組織化は容易になるだろうし、ヨーロッパの産業者が政党に組織されることから、ヨーロッパにおける産業体制の確立と封建制度の消滅が必然的にもたらされるであろう」[22]と雄大な構想が立てられている。初期の著作の『ヨーロッパ社会の再編成について』などにも示されたサン＝シモンのヨーロッパ統一論は、二〇世紀後半になってからも「今日もヨーロッパ共同体の先駆的学説として評価されている」[23]のである。なお、『産業者の教理問答』において弟子である社会学者の**オーギュスト・コント**（一七九八～一八五七）の筆によるとされている部分では、政党の設立のほかに、国王による指導と委託が提案されている。

このような産業者による「産業体制の確立」が可能であると考えられているのは、すでに述べたような産業者の階級の事実的な優位によるものであるが、この事実的な優位は、産業者たちの労働の質の高さという質的な優位に支えられているとされている。以下では産業者の優位について、その労働の質という観点から考察してみよう。

サン＝シモンは産業者の労働の質の高さを次の三点から説明する。第一は産業者の労働の有用性の高さである。そのことは、その他の階級の人々の労働が社会において占める重要性が低いことからも明らかだとされている。産業者階級の労働は社会において「最も有益な仕事」[24]なのである。第二は、産業者の労働の道徳性の高さである。「労働はあらゆる美徳の源泉である。最も有益な労働は、最も尊敬されなければならない労働である[25]。第三は、産業者の労働は、社会において軍事的な目的ではなく、管理の目的に適したものであるということである。そして現代社会では何よりも軍事ではなく、管理が必要とされている。「軍人や法律家たちは、最後には管理に最も有能な人々の指図のままに動くようになるに違いない」[26]。そして産業者こそが、管理に適した能力をそなえているのである。

サン＝シモンの議論では、労働の価値は基本的に有用性と道徳性で確保されている。労働の道徳性については深い議論は展開されていないので、基本的に有用性だけが決定的な基準である。しかし産業者の労働がどうして有用になるかについては、明確な規定はない。実際にそうであるという事実に依拠した論拠が、実質的な議論の支えとなっている。スミスであればまだ労働が価値を生むという主張が議論の根底を支えていたが、サン＝シモンでは労働はたんに有用な結果を生むことが主張されるにすぎない。彼の議論は、産業者の労働が事実において質的にも量的にも他の階級を圧倒していることを確認するものにすぎないのである。

サン＝シモンは産業活動を賛美するあまり、「勤労階級」そのものに信頼を抱いていたのであり、その内部で労働者と資本家との対立が存在することをまったく無視していた。サン＝シモンは「現実において資本家としての雇用主が個人的なエゴイズムに動かされていることを認めていたが、それは社会が悪いためだと考えていた」[27]。社会的な組織体制が改善されれば、「偉大な産業家たちは、実際に責任を負い、統合された知識をもつようになれば、産業者階級の本体と連帯の精神をもって行動するようになる」[28]と信じていたのである。

サン＝シモンは、**ニコラ・ド・コンドルセ**（一七四三～一七九四）の『人間精神進歩史』に象徴的に示されるような歴史の進歩への信仰に基づいて、人間の未来は輝かしいものと信じていたのであり、産業体制が改善されて生産性が向上すれば、労働の苦痛の問題は解決されると考えていた。「この新たな秩序においては、完全雇用が保証され、工業的な産業部門において活動するすべての者たち、労働者と管理者が、暮らし向きの悪い者たちの欲求の満足も考慮のうえ、両者で協議した計画を基準として協働できるようになる」[29]と素朴に信じていたのだった。

要するにサン＝シモンは、産業革命によって生まれたダイナミズムの力を信奉するあまり、プロレタリアと資本家が対立する階級であることを見抜くことができなかった。その意味でサン＝シモンはエンゲルスの語ったように、空想的な社会主義者だったのである。ただしエンゲルスが指摘するように、サン＝シモンの思想にはその後の労働の思想に発展するさまざまな萌芽がすでに含まれていた。彼の著作には「後代の社会主義者たちの思想のほとんどあらゆる思想が萌芽としてふくまれている」[30]のである。

第2節 オーウェンのユートピア

オーウェンの共同体

イギリスの社会改革運動家**ロバート・オーウェン**（一七七一〜一八五八）が生まれた一七七一年は、アークライトが工場制機械紡績業を開始した年である。オーウェンはイギリスの産業革命とほぼ同時代に生きたことになる。フランス革命の時点ではすでに一八歳だった。この若さですでにマンチェスターで紡績機械の製造工場を開設している。オーウェンの名を高めたのは、一八

ロバート・オーウェン

Robert Owen
1771-1858

イギリスの手工業者の家に生まれる。商店に奉公したのち、紡績工場の経営に携わり成功。労働者の環境改善に取り組み、労働者の子供が通う幼稚園・学校の建設、児童労働を制限する労働立法の実現、いまの生活協同組合（CO-OP）の源流となる協同組合運動に尽力した。

〇〇年に始まったニュー・ラナアック工場の実験プロジェクトだった。

このプロジェクトの特徴は、産業革命で実現された機械化システムを利用しながらも、人間の労働を機械に隷属させるのではなく、できるかぎり合理的な労働システムを投入して、生産性を向上させ、労働者の生活の質を向上させようとしたことだった。そのためには作業の進め方を見直して能率を改善し、労働時間を短縮すること、福祉施設と工場の内部の販売店を経営して労働者の低い賃金を補うこと、そして幼い子供の労働の禁止と教育によって、労働者の資質を改善することなどが目指され、実現された。

オーウェンのこのプロジェクトでとくに重視されたのは、労働者の資質の改善である。オーウェンは、当時の風潮として労働者よりも工場の機械類が重要であるとみなされていることを認めながらも、その機械を動かす人間は、「生きた機械」[31]であって、死んだ機械よりも貴重なものであると訴えた。「生命のない機械」の素材は木材と金属にすぎないが、人間は「肉体と精神というずっと優れた素材を結合」[32]させているのである。

オーウェンは人間の労働よりも機械のもたらす生産性の高さがあまりに重視され、人間の労働が軽視されているのは間違いであると訴える。「生命なき機械装置がイギリスの諸工場に広く導入されて以来、人間はほとんど例外なく、二次的な、より劣った機械として扱われてきました。そして、肉体と精神という素材よりも、木材と金属という素材を磨き上げるために、はるかに多くの注意が注がれてきました。この主題について、ただ適切な考察だけを加えてください。そうすれば、人間は、富を創造するために道具としてすらも、なお大いに改善されうるということを諸君は発見するでしょう[33]」と語りかける。

そのための手段としてオーウェンが目指したのが、労働者の知性を改善すること、非合理的な法律を廃止すること、信仰告白を廃止し、宗教教育をやめることなどである。とくに「生きた機械」としての労働者の性格の改善に重点が置かれた。そして政府に「貧しく教育のない人々のために国民教育訓練制度を採用する[34]」ことを強く求めた。何よりも重要とみなしたのは、幼児教育によって、国民の性格を改善することである。教育は、「人間の悲惨さを和らげ、幸福を増進するために、合理的な人間が採用しうる唯一の実践的な手段[35]」だからである。

サン＝シモンは産業という活動そのものに信頼を抱き、その内部で生きる人間にはそれほど注目しなかったが、オーウェンと次に考察するフーリエは、産業活動そのものよりも、労働する人間に秘められた可能性に注目したのだった。オーウェンが目指したのは、悲惨な生産の現場において労働条件を改善することではなく、「最初からもっとも貴重な生産手段である人間を改善し、工場の不潔さのなかから引き上げて洗い清めること[36]」だったのである。

ユートピア的な共同社会プロジェクト

オーウェンはさらに広範で一般的な社会改革プロジェクトを構想した。農村に広い土地を購入し、そこに五〇〇人から一五〇〇人の人々を住まわせる。この土地の中心部に労働者のための共同住宅を建設する。この建物は多数の居間と寝室、共同のキッチン、学校、教会、病院、図書館などで構成される。その周囲は菜園で囲み、そこで野菜などを栽培する。ここで農業、工業、商業を結びつけた活動を行う。オーウェンはこの施設で次のような点を重視する必要があることを強調した。

第一に、「労働者階級のための住宅アパートメントを建設し、暖房と通風の設備を装備すること」。第二に、「彼らに、より良い、かつより廉い食物を供給すること」。第三に、「彼らに、より良い、かつより廉い衣料を供給すること」。第四に、「彼らを、より良い、かつより廉い費用で訓練し、教育すること」。第五に、「彼らがいま享受しているよりも良い健康を彼らに確保すること」。第六に、「彼らの労働を、これまでよりも良く管理された科学を使って、農業、製造工業、その他のあらゆる社会目的に向けること」。第七に、「彼らをあらゆる点において社会のより良いメンバーにすること[37]」。

これらの目的はごく分かりやすいものであるが、そのために採用された方法はその当時としてはユニークなものだった。まず、この施設の内部では交換の基準として、貨幣ではなく労働の量が採用された。この共同体は生産性が高いために、多量の余剰生産物を生み出すことができる。これを他の共同体と交換することで必要な物資はすべて確保できるはずである。そのために必需品を購入するための貨幣は不要になるだろう。各人が自分の必需品を購入するには、自分の労働を充てればよいだろう。それを計る尺度としては、次に示す労働時間の長さを記録した特別な「ノート」がある種の通貨として利用された。オーウェンは**デイヴィッド・リカルド**（一七七二〜一八二三）の労働価値説を採用していたのであり、後述する労働切符のアイデアは、この労働価値説を現実のものとして示そうとしたものである。

次に、この労働時間の長さを記載した「紙幣、あるいは共同社会の銀行券[38]」のようなもの、すなわち労働切符を作成し、これを交換の基準とすることで、共同体の内部での物資の配分が行われた。その際に、配分の量は「それらの共同社会によって確認され、取り決められた平衡の原則に基づいて評価される。かくてすべての商取引とそれの人間性への軽蔑すべき影響は取り除かれるだろう[39]」。この紙幣は、商業活動を排除することを目的としているのである。

さらにこの共同社会では平等の原則が実現される。「不平等がなくならないどんな社会も、永遠の幸福はありえないのであるから、各個人は平等な利益を所有するであろう。かれらの家屋、食料、衣料、教育、仕事および診療についての平等[40]」も守られるだろう。こうして「各個人は、生涯のいかなる時期にも、欲しいと思うすべてのものを所有し、享受することができるだろう[41]」。

ただしこの労働切符に基づく労働の成果の分配制度はすぐに挫折する。労働の成果の分配だけに着目し、生産過程を制御する視点が欠如していたからである。資本主義社会の内部の一部の工場だけでこのような分配制度を採用することは、工場の外部の社会全体のメカニズムと矛盾をきたしてしまう。資本主義の生産様式をそのまま維持しながらこのような「公平な」分配制度を実現できると考えるのは「経済を生産の面からではなく労働の面から管理しようとする前資本主義的なユートピア[42]」にすぎないと言わざるをえないだろう。またいずれマルクスが明らかにするような「労働に応じて分配する」方式と、「必要に応じて分配する」方式の思想的な違いを考慮にいれることができていないことも問題であろう（第8章、二一五ページ参照）。

労働者の生活改善を目指して

このプロジェクトは商業を廃しながら、各人がその労働によって自分の必要となるものを平等に入手できるようにすることを目指していた。この方式で、共同体の内部では各人の平等を確保し、欲望を十分に充足させ、健康を確保できると考えられていたのである。

とくに、労働そのものの質が変わるとされたことが重要である。科学と技術を適切に利用することで、労働時間を短縮することができる。それによって「人間労働の節約のために機械を取り入れることが、現在のように労働者から搾取する労働量を増大させ、その代償として与える生活資料を減少させる不幸な結果[43]」をもたらすことは避けられるだろうと考えた。

そして「肉体労働は、これらの助力をえて、健康で愉快な楽しい職業に変わるだろうし、他方で、各個人は、知的発展と社会的享受のための十分な閑暇をえるであろう[44]」。オーウェンのこのプロジェクトは何よりも、労働者階級の生活を改善することを目的とする。というのも「人口のほとんど大部分は、労働階級に属するか、または労働階級の出身なのであり、全階層の幸福と安楽は、最も高い階層を含めて、労働階級によってまさに本質的に影響されている[45]」からである。このプロジェクトによって、国民の大多数を占める労働者たちは、自分の労働だけによって、十分な人間的な発達を確実に実現することができるだろうと考えられた。ここにもサン＝シモンの場合と同じような人間の歴史の進歩にたいする楽天的な予測に動かされていることがうかがえる。

オーウェンのこの構想では、現在のような過酷な肉体労働は姿を消して、労働することが楽しい営みになるはずであった。その基本となるのは労働者の教育水準の向上であり、そのための手段となるのは、機械と道具を資本の目的のためではなく、労働者の生産性の向上と作業効率の改善という目的のために使うことである。資本主義という観点からは事業体の収益の改善のために資本と技術が利用されることになるが、オーウェンの制度においては、労働者の労働の質の改善と労働時間の短縮のために、資本と技術を利用することが目指されたのである。

このオーウェンの構想では、労働の質そのものについての考察は行われておらず、労働者を囲む外的な条件を改善することが目指されているだけである。労働の質の改善は、労働者の教育水準を向上させることで、自然に実現されるとみなされている。ただし次に述べるような大胆な結婚制度の改革と宗教の廃絶も構想されており、これによって労働者を内的に苦しめている精神的なくびきを取り除くことも検討されていることに注目しよう。

オーウェンは労働こそが国富の源泉であると信じていたから、国家が労働者を教育せず、過酷な労働に従事させているのは国富を損なうものであってこれは国家の支配者も冷静に考えれば納得できるはずだと考えていた。これは支配者の理性に訴えるという方法であり、オーウェンは自分のプロジェクトもこうした理性的な配慮によって支援されるべきだと考えていたことになる。ここにも啓蒙期以来の進歩信仰の思想が控えていると言えるだろう。

私有財産、宗教、結婚制度の批判

オーウェンはこのように、労働者階級の生活を改善することで、社会全体の幸福を向上させることができると考えていた。彼の当面のプロジェクトは、この目的を推進するために遂行される。しかし彼はさらに大きな展望を描いていた。社会そのものの変革を目指していたのである。「社会の正しい目的は、人間の肉体的、道徳的、知的な性格の改善にある。それも経験する苦痛を最小に、喜びを最大にするのにもっとも便利なやりかたで、彼の欲望一切を満たすようにである」[46]と考えていたからだ。

この遠大な目的を実現するためには、労働者の共同社会プロジェクトだけでは不十分だと考えられた。オーウェンが目指したのは、こうしたプロジェクトを社会の全体に波及させること、そしてその結果として、私有財産を廃止することである。こうした共同社会プロジェクトの内部ではすでに、私有財産の意味は消滅しているはずである。共同の住宅に住み、自分の行った労働の量に比例して生活必需品を配分され、短縮された労働の合間に、自分たちの望む活動を行う余裕が与えられていた。共同生活の外部で消費する貨幣も、不動産も不要であり、一般的な意味での私有財産は意味をもたなくなっていたのである。

しかしオーウェンはそれだけではなく、私有財産全般の廃止を訴える。社会において人々は財産を所有しようと願っている。「人々は、社会における財産の維持が、彼らの繁栄のために絶対的に必要だと信じるように教えこまれた[47]」。しかしこの制度は重要な欠陥があると彼は主張する。それはこの制度こそが「貧困と、貧困への恐怖の原因である[48]」と考えるからである。不平等な財産の所有が貧困を生み出す。それは抑圧の原因であり、戦争と殺人の原因であり、人々の傲慢さの原因であり、人々のあいだで愛が生まれるのを阻害する要因であり、「最も重要な利益を失うような社会状態にすべての人が服することを強要する手段[49]」なのである。この制度が維持されることによって、人々の心がたがいに対立し合うようになるとオーウェンは唱えた。

この私有財産の制度を作りだし、また再生させている重要な社会的な要素が、宗教と結婚制度であるとオーウェンは主張する。この二つは密接に関連している。キリスト教という宗教で公認されているかたちの結婚は、「人間性の、半ば野蛮で半ば文明化した状態での両性間の性交であり、これは僧侶の作りだした人為的で、しかも解消不可能な結婚[50]」である。こうした結婚の制度は「人間の自然の本能に逆らって案出されたものであり、多数の人々を、少数者の特権と優位性のもとに、無知と服従の状態のもとにおくもの[51]」である。この結婚制度こそが私有財産の制度を生み出し、それを奨励するものであり、「男と女をきわめて複雑な欺瞞の体系に押し込む[52]」とオーウェンは主張する。

そして何よりも宗教こそが、この制度を人々に押しつけたものであるという。「世界の僧侶たちが、両性間の自然な性交を、犯罪あるいは何らかの程度の不道徳なものと考えさせる唯一の原因だった。そしてこの誤謬により、彼らの利益を目的にして、彼らはこの問題について人類の知性をことさら確認し、はてしない肉体的、精神的な疾病、欺瞞、悪徳および悲惨を生み出した[53]」とオーウェンは強調する。

このように私有財産、宗教、結婚制度は、たがいに手を取り合って、人間を抑圧し、堕落させていることになる。望ましいのは制度的な結婚ではなく自然な性交であり、それによってこそ「たがいの幸福を増進するため、本性と教育によって準備された双方の一致[54]」が可能になるはずである。しかしこの自然な性交は、「教育や条件の不平等が存する社会状態のなかでは、虚偽と欺瞞のあるところでは、強制的あるいは人為的な法律の禁止のあるところでは、人間性および社会についての科学的な知識のないところでは、決して完全に達成されない[55]」ものである。だからこのような自然な性交は「新しい道徳的な取り決めのもとで生まれ、訓練され、生活する人々の間でのみ可能なもの[56]」であり、いまだ世界のどこにも存在しないものであるという。

人間を抑圧するこれらの三つの要因、私有財産、宗教、結婚制度のない社会こそ、オーウェンの考えるユートピア的な「新しい社会」である。オーウェンはこれを革命によって実現しようとするのではない。労働者の共同社会が社会の模範となり、人々のあいだで新しい労働と新しい生活のありかたが信奉されるようになることで、こうした新しい社会に接近しようとするのである。

とくにオーウェンが女性問題に注目したことは、その後のユートピア的な社会主義者たちにも共通してみられる特徴であり、労働のありかたの変革が、男性と女性との関係の変革につながると考えるものだった。現実の社会において労働が成人男性の労働生産性の向上という観点だけから考えられている時代にあって、女性問題を提起することは、支配的な労働関係にたいする重要な異議申し立てとなるものだったのである。

オーウェンがイギリスやアメリカで実行したさまざまな実験は、多くは失敗に終わったものの、彼の思想はイギリスの労働運動と協同組合運動にしっかりと受け継がれた。オーウェンの思想は現実の社会においては多分にユートピア的なものではあったが、彼の思想が「イギリスの労働者運動におよぼした影響は、非常に大きく、多面的なものであった[57]」と言うことができるだろう。エンゲルスもまたオーウェンの実験的な施設は「共産主義の模範的実験[58]」であって、オーウェンの構想には、「未来の共産主義的共同体用の建物が、平面図や正面図や鳥瞰図までもつけて完全に仕上げられている[59]」と高く評価していた。さらにマルクスは、オーウェンの協同組合の着想が、マルクスの理想とするアソシエーション的な労働のための組織と共通する要素があることに注目していたのであり、「イギリスにおいて協同組合という制度の種を蒔いた[60]」として、オーウェンを賞賛していたのだった。

第3節 シャルル・フーリエの労働の喜び

産業主義批判

イギリスのオーウェンより一年遅くフランスで生まれた**シャルル・フーリエ**（一七七二〜一八三七）は、フランス革命の時点では一七歳であり、すでに考察してきたサン＝シモンよりは一二歳年下である。サン＝シモンと比較した重要な違いは、サン＝シモンにとって基軸となる考えである産業主義の概念をフーリエが正面から否定していることである。「産業主義は、われわれの

シャルル・フーリエ

Charles Fourier

1772-1837

フランスの商家に生まれる。フランス革命で財産を失い投獄された体験から、革命を文明のもたらした悪ととらえ、革命後の社会は無味乾燥な義務としての労働を強いていると批判した。人間の情念を軸とし、労働が喜びとなる理想の共同体ファランジュを構想するも、支持を得られないまま逝去。

科学的な妄想のうちでもごく最近のものである。それは比例報酬についていかなる方式ももたず、また生産者もしくは賃金労働者が富の増大の分け前に与(あずか)るための保証を何ひとつもたずに、雑然と生産を行う精神錯乱である」[61]と、フーリエは辛辣に批判する。サン＝シモンは既存の産業者たちの地位を向上させようと望むが、フーリエは既存の産業者たちの活動はむしろ精神錯乱のようなものであると考えた。

エンゲルスの『イギリスにおける労働者階級の状態』がありありと描写しているように、一九世紀の前半の産業界で、労働者は貧困と悲惨に苦しめられていた。フーリエによると、既存の産業界は次のような三重の意味で転倒しているという。

産業界の転倒

第一に消費が転倒していて、労働の産物である商品を購入しようとする「遊び人の気紛れに基づいているのであって、生産者の幸福に基づいているのではない」[62]。第二に流通も転倒していて、商人たちは「生産物の所有者となることによって生産者は消費者から暴利を貪り、また買い占め、投機売買、常習的詐欺、ゆすり、破産などの策謀によって、産業的体系に無秩序をまきちらしている」[63]という。第三に競争も転倒していて、「競争が激しくなればなるほど、労働者は競争相手の多すぎる労働を、捨て値で受け入れざるをえなくなる」[64]のである。

産業界の問題はこうした三重の転倒だけにあるのではない。サン＝シモンにおいては産業社会の内部でプロレタリアと資本家が対立する階級であることが見逃されていたが、フーリエはこの産業社会の内部では「全体的と個人的との二つの利害の不一致」[65]が顕著であることを鋭く指摘する。「あらゆる産業者は大衆と反目しており、個人的な利害のゆえに大衆にたいして悪意を抱いている」[66]のである。医者は自分の利益のために人々が病にかかることを望み、検事は人々が家庭で悪事をなすことを望み、建築家は町で大火事が起こることを望む。「文明機構は、各個人の大衆にたいする戦争なのであり、誰もが公衆を欺くことを利益とみなす体制である」[67]。

さらに、既存の産業の重要な欠陥は、富の分配が不平等なことである。産業化が進み、多くの富が生産されても、その果実を手にするのは富める者だけであり、「大衆つまり貧困階級は、富の増大の配分に与るどころか、それによって窮乏が増加するばかりである」[68]。

これらのさまざまな転倒や矛盾のために、「細分化された、つまり文明社会の産業のもとでは、すべてが悪循環になる」[69]のであり、「産業はその進歩によって幸福の基礎を作りはするが、幸福そのものを作りだすことはない」[70]という。サン＝シモンは産業活動そのものを賛美したが、フーリエは資本主義的な産業にあっては、貧困をなくすことはできないことを鋭く見抜いていた。資本主義的な産業における労働の悲惨さは、「資本主義の栄光の弁証法的に必然的な裏面であり、資本主義は決して貧困をなくすことはできないし、これとともに増大するものである」[71]ことを認識していたのである。

フーリエは当時の産業におけるこれらの欠陥を指摘しながら、その改革案を提示しようとする。この改革案は生産至上主義、利益至上主義である資本主義的な社会のもつ根源的な欠陥を鋭く批判するものだった。これについてエンゲルスは、「フーリエの諸著作のほとんどどのページにも、ひどくほめそやされている文明というもののみじめさについての風刺と批判の火花が飛び散っている」[72]と高く評価している。

フーリエの改革案

フーリエが既存の産業を批判しながら提起する改革案は、産業的な魅力、比例的な配分、人口の均衡、手段の節約という四つの特徴をそなえたものである。

その中心となるのが、第一の産業的な魅力に基づいた改革である。この改革案が基本であり、その他の案は理解しやすいので、まずその他の案について簡単に検討しておこう。第二の比例的な配分とは、主として流通における転倒を是正するものであり、大衆はその労働にふさわしい成果を確保できるべきである。そのためには「資本、労働、および才能に割り当てられる三つの配当金の衡平な配分」[73]を目指すべきである。さらに企業や商人による独占を防ぐべきである。第三の人口の均衡は、主として競争における転倒を是正するものであり、マルサス的な観点から、人口の増加を制御しようとする。「人口は、下層階級の困窮をもたらすことのないレベルに抑える」[74]べきなのである。第四の手段の節約は主に消費における転倒を是正するものであり、非生産的な人々、とくに商人の数を減らすことを目指す。商人は、「文明人の三分の二を含む」[75]ほどに膨大になっており、これを削減すれば、流通は大幅に簡略なものとなるだろう。

重要なのは第一の産業的な魅力の概念である。これは労働を人々にとって魅力のあるものにすることを目指すものである。その他の手段が消極的な性格のものであるのにたいして、生産における転倒を是正しようとするこの方策は積極的な要素を含んでいる。この構想の背景にあるのは、フーリエ特有の情念の理論であり、フーリエは人間の情念をうまく働かせることで、労働そのものが喜びになると考えるのである。オーウェンと同じように労働に従事する人間そのものに注目したフーリエは、人間の労働そのものが価値の源泉であるだけでなく、働く人において喜びを生み出すものだと信じていた。このフーリエの理論は、労働の思想の歴史において、労働の喜びという新たな局面を開くものだった。

フーリエは人間の情念を、個人、集団、社会全体という三つの次元で考える。第一の個人の次元の情念は、味覚、触覚、視覚、聴覚、嗅覚という五感である。労働が魅力のあるものとなるためには、この五感の快楽を高める必要があるだろう。第二の集団の次元の情念としては、友情、野心、恋愛、父性の四種類がある。第一の個人の情念である五感は単独の個人の知覚の次元で働くものであるが、これらの集団の情念は、複数の人間たちのあいだで働く。仲間のためという友情は、仕事の魅力を高めることができるだろう。集団のうちでトップになりたいという野心が、仕事中毒の人を生みだすこともあるだろう。同じ仕事のパートナーどうしの恋愛は仕事の魅力を高めることも、仕事への関心を失わせることもあるだろう。家庭の父としての愛情が、仕事への熱意を生むことも、仕事よりも家庭を重視する気持ちを生むこともあるだろう。注目に値するのは、人間が働く際に生じるこれらの情念をフーリエは否定すべきものとして糾弾するのではなく、そうした情念の存在を認めた上で、これらのさまざまな情念のバランスをとって充足する必要があると考えていることである。既存の労働方式では、これらの情念のバランスをとるのが困難になっていると考えるからである。「人間は、現状にあっては自分自身と反目している。彼の情念は衝突しあっている。野心は愛情を妨げ、父子愛は友情を妨げ、こうして一二個の情念のひとつひとつがたがいに妨げあっているのである」[76]。ここで一二個の情念とあるのは、個人の五感、前述した集団における四つの情念、さらに社会の次元における次の三つの情念を加えた総数である。

こうした社会の次元での情念としては、移り気の情念、密謀の情念、複合の情念が挙げられている。これらは通例は悪しきものとされているが、フーリエはこれらこそ労働を楽しいものとするために役立たせるべきだと考えた。

移り気の情念は、労働が単調になるのを避けて、つねに生き生きとした魅力を維持するために必要な情念とされている。これらは「周期的な変化、対照的な状況、場面の転換、壮快な出来事、および空想を働かせ、感覚と感情とを同時に刺激するのに適した新奇さにたいする欲求である」[77]。これらの情念はそれぞれこれは二時間ほどは強く働くとされており、フーリエの想定する理想的な労働スケジュールでは、早朝に庭師の仕事を二時間したら朝食をとり、その後に草刈りの仕事を二時間、牛小屋での仕事を二時間して、昼食にする。午後は森林での仕事を二時間、灌漑の仕事を二時間したら夕食になるとされている。このように目先を次々と変えることで、「快楽の多様性を魅力的なものとなった労働に適用する」[78]のである。前述のマルクスの革命後の労働者の生活についての夢想（一八五ページ）と響きあうかのようである。

密謀の情念は、たがいに競い合う党派的な精神であり、「野心家たち、姉妹関係にある同業組合、商人、売春婦の世界で、きわめて激しい、陰謀への熱中である」[79]。フーリエは労働を魅力的なものとするにはこの情念が不可欠であると考える。「密謀の情念は人間精神にとってはきわめて切実な要求であるので、本物の陰謀がなければ博打や演劇や小説にその代用品を熱心に求める」[80]ようになるという。この情念がとくに活発に働くのは、「姉妹関係にある同業組合」のように、競争精神が刺激される労働関係の場合である。競合する他の団体に負けまいとするとき、仕事がきわめて捗り、創造的な精神も発揮されるのである。

複合の情念は、これらの情念を複合させることで、さらに強い熱狂を生み出す。この情念は「二つの快楽を同時に楽しもうという欲求であり、これらの快楽の混じりあったものは、陶酔を熱狂の水準にまで高める」[81]のである。

通常はこうした情念は、道徳によって抑制されている。「道徳は人間に、自分自身と対立すること、自分の情念に抗うこと、情念を抑制し、卑下すること」[82]を教えるものである。フーリエもこうした情念が個人のうちで働くときには、悪をもたらすことが多いことを認める。しかし集団でこうした情念が働くときには、それは労働の魅力を高めると主張するのである。適切に配置された集団の系列の中ではこうした情念は、「すべてのものが魅力的なものとなった産業や、利益のあがるものとなった徳へと導く」[83]とフーリエは考える。個人の次元の悪と、集団の次元の悪を区別することを知らなかった道徳学者は、「道徳が禁止しており、また悪徳の部類にいれている自然の衝動、つまり情念引力の計算が下手なのである」[84]とフーリエは皮肉る。

フーリエはこうした情念を組み合わせて人々が働く理想の共同体を、ファランジュと呼んだ。この理想的なファランジュのうちで、諸集団の系列を巧みに配置し、これらの情念を働かせるならば、労働は人々にとって、たんなる娯楽にはない魅力をもち、喜びに満ちたものとなるだろう。「ただ朝から夕まで楽しんでやりさえすればいいのだ。なぜなら、楽しみによって労働に誘い入れられるのであり、その労働は、今日の見世物や舞踏会以上に魅力的なものとなるからである」[85]。こうしてフーリエは、労働を魅力的なものとするアイデアを駆使して、労働することが快楽である共同社会を構想するのである。

フーリエのこの改革案は、マルクス主義の改革案とは違って、社会的な革命なしで実現できるはずのものである。それは巨大な資金を投じてファランジュを設立し、適切に運営することができれば、当時の社会においても実現できるものとされていた。そのためにマルクス主義からは「空想的」と呼ばれたのである。しかし喜びを伴う労働が資本主義社会の内部で絶対に不可能であるとは言い切れないのもたしかである。

第4節 労働の喜びの哲学

ディーツゲンの宗教としての哲学

マルクス主義を含む社会主義の思想の伝統のなかで、フーリエのようなユートピアにおいてではなく、現実の労働を喜びであり、救世主であると主張した哲学者たちもいる。マルクスとは別の筋道から、**ルートヴィヒ・フォイエルバッハ**（一八〇四〜一八七二）の哲学の影響のもとに唯物史観を構築したドイツの社会主義者として、**ヨセフ・ディーツゲン**（一八二八〜一八八八）がいるが、彼は「社会民主主義における宗教」（一八七七年）という講演で、労働がいかに人間に救いをもたらすものであるかを主張した。

まず彼は社会主義は一つの宗教であると主張する。「社会主義の教義は、新たな宗教の素材を含むものであり、他の宗教とは異なり、人間の心と情緒だけではなく、知識の器官である頭脳にも働きかけるという特徴がある」[86]という。この新しい宗教は、「プロレタリアートの信条であり、すべてのことに革命を引き起こし、古い信念を科学的な方法で変換する」[87]ものだという。これまでの宗教では、信念は科学と対立するものであった。しかし社会主義においては、信念と科学は両立し、人間に厳しい「くびき」を負わせる「自然」を、人間たちが力を合わせて克服しようとする。そして自然を克服するための手段となるのが労働である。

「労働こそが新たな救世主の名前である」[88]とディーツゲンは主張する。それは労働の生産性が向上し、「おとぎ話のような生産力、人間の労働の巨大な肥沃さ」[89]が、今やいかなる救世主も実現できなかったほどの富をもたらすようになったという認識から導かれている。これまでは人間は必要なものを獲得するために、自然にしたがって労働しなければならなかった。しかし今では「自由競争の力で、国富と呼ばれるこの余剰によって、価格を低下させることができた。そして労働と費用を節約する機械類の導入によって、先進的な生産方法を生み出すことができるようになったのである」[90]。労働は今では自然を克服し、自然を使役することができるようになったという。ディーツゲンは「意識的で一貫した社会労働の組織こそが、現代の救世主である」[91]と断言している。ディーツゲンの意識のうちでは、労働は今や神の救済をもたらす活動にまで格上げされたのである。

たしかに現代において生産の現場が自動化され、ロボットが人間の命令のもとで仕事をするようになるならば、そしてマルクスの夢みた革命が実現されて、労働者が生産活動から疎外されず、生産過程を支配することができるようになれば、もはや労働のもたらす疎外の多くが克服されることになるかもしれない。しかし労働が宗教的な意味をもち、神のもたらす救済と同じようなものとなるということはありえないだろう。社会の中で生きる人間たちはもはや労働しないのであれば、どのようにして生きるのかという別の問いが生まれるだろうからである。

ゴータ綱領とマルクスの批判

このように、社会主義革命の実現によって、人間が労働という責苦から解放されるに違いないという考えは、当時の社会主義的な政党において、決して少数派であったわけではない。これを当時の社会主義政党の発表した綱領から調べてみよう。

一八七五年に、**アウグスト・ベーベル**(一八四〇〜一九一三)を中心とする社会民主労働者党のアイゼナハ派と、**フェルディナント・ラサール**(一八二五〜一八六四)を中心とする全ドイツ労働者協会は合併して社会主義労働者党を設立し、ゴータにおいてその綱領を発表し、これがゴータ綱領と呼ばれる(この党はのちにドイツ社会民主党と改名し、その後のドイツ史で重要な役割をはたした)。マルクスはこの綱領を強く批判する論文を執筆した。この綱領はその第一文において、「労働はすべての富とすべての文化の源泉である」[92]と主張していたからである。これによると、西洋の文明の富と文化のすべてが労働によって生まれたことになる。

これは当時のブルジョワジーが誇らしげに語っていた決まり文句だった。ブルジョワジーはプロレタリアートにたいして勤労の道徳を押しつけ、それによって労働者の労働意欲を高めようとしていたのである。この綱領では、この決まり文句に依拠しながら、労働者は労働の全収益を自分のものとする権利があり、「労働を解放するためには、労働手段を社会の共有財産に高めること、また総労働を協同組合的に規制して労働収益を公正に分配することが必要である」[93]と主張していた。

これにたいしてマルクスは、現在の資本主義的な体制のもとで労働を協同組合的に規制することでは、真の意味での労働の解放は実現されないことを指摘する。マルクスによるとそのためには共産主義が実現し、分業を廃止することが必要なのである。すなわち「個人が分業に奴隷的に従属することがなくなり、それとともに精神労働と肉体労働との対立がなくなったならば、そして労働がたんに生活のための手段であるだけでなく、労働そのものが第一の生命欲求となったならば、さらに個人の全面的な発展にともなって、またその生産力も増大し、協同的な富のあらゆる源泉がいっそう豊かに湧き出るようになったならば、そのとき初めてブルジョワ的権利の狭い限界を完全に踏み越えることができる」[94]ようになるという。

既存の生産体制のもとで、労働がすべての富の源泉であると主張しながら、労働の解放を求めることは、勤労が道徳的な善であると主張するブルジョワ的なイデオロギーに乗せられることになるだろう。実際にやがてファシズムが、すべての人の労働を国家への貢献度によって評価すべきであると主張するようになる。ナチスのヒトラーは、労働の意味は、「民族共同体が彼に与えたものを勤勉に、誠実に民族共同体に返済すること」[95]にあると主張し、「これを行うものが、最も高い価値評価と最も高い尊敬をうるのである」[96]と語るだろう。そしてアウシュヴィッツ強制収容所の入り口には、「労働が自由をもたらす」(アルバイト・マハト・フライ)と書かれるのである。

シェーラーの労働論

このような労働賛歌は、労働者たちが自分たちの力を自覚したときに、ごく自然に生まれてくるものかもしれない。マルクス主義がヨーロッパの労働者のあいだで強い支持を獲得したのは、一方で労働の疎外を指摘しながらも、労働そのもののもつ喜びのようなものを認めたことによるものかもしれない。西洋の歴史においてほぼ一貫して軽蔑されてきた労働という営みと労働者という階層が承認されるためには、長い苦闘が必要だった。すでにふれたように、中世においてすでにこうした営みの最初の試みが展開されていた。修道院での禁欲と労働の営みのもとで、「贖罪としての労働という観念は、積極的な救済手段としての労働の理念にとって代わられる」[97]ようになっていた。

しかし労働が聖職者によってではなく、労働者そのものによって肯定され、救済の手段とみなされるようになったのは、この社会主義の運動からだろう。すでにフーリエにおいて、労働は娯楽になりうることが主張されていた。フーリエは、同じ労働者が一日のうちに次々とその種類を変えながら労働することで、労働が苦痛ではなく喜びとなることを主張していたのである。

労働にはこうした喜びという要素が含まれるのはたしかである。求められた課題を実現することの喜び、作業をする技術の向上の喜び、自分が習得した技術によって目的どおりの製品を作りだすことによって得られる自己実現の喜びなどは、実際に労働によってもたらされうるものであり、実際の仕事の内容とは別に、労働は働く人に満足と喜びをもたらすことができる。ドイツの哲学者**マックス・シェーラー**（一八七四～一九二八）は「労働と世界観」という文章で、労働がもたらす喜びを次のように列挙している。

まず労働者は自分の能力の向上に喜びをみいだすことができる。たとえば「労働において能動的となる精神的な潜在力および素質の成果と上昇と熟練」[98]がもたらす喜びがある。これは労働者のうちで、自分の能力が向上しているという実感が生まれることによる喜びである。自分に与えられた課題をきちんと実現し、その結果が何らかのかたちで実現されるときには、労働者は誇りと喜びを感じるものである。

さらに労働という営みは身体に適度な緊張を与え、労働のあとでは心地よい疲労感をもたらすことができる。「身体各部およびそれらの機能の、明確な目的をもち、ある種の限界内において有効な緊張」――これは労働する身体が労働のリズムに合わせて感じることのできる緊張感のもたらす喜びである。これらの二つの喜びは、労働者が労働の主体として感じる満足である。

これにたいして次の二つは、労働者が労働の客体であるものにおいて感じることのできる満足である。

まず挙げられるのは「創造の主である人間の大胆な手中にあって、素材が曲げられ、有意義な形態へとまとめられる場合における、幸福感に満ちた力および能力の体験」であり、これは自然に働きかける労働者が、対象のうちにもたらした有用な変化のうちに、自分の力を感じることで得られる満足である。

さらに「有機体にたいして労働が有する鍛練や訓練の価値と身体的ならびに心的な展開価値」が生みだされるという喜びも生じうる。ここでシェーラーは農業について考えている。畑に種を蒔き、水をやり、雑草を刈って育てた野菜という有機物の成長と収穫は、大きな満足感をもたらすものである。

さらにシェーラーはとくに明記していないが、人々との共同作業のもたらす喜びも、労働の喜びとして見逃すことはできない。人々と力を合わせて労働することによって、個人では実現できなかった大きな成果をもたらすことができ、その成果のうちに自分の労働の一部をみいだすとき、大きな満足が得られるだろう。

これらの喜びは、わたしたちが労働を強いられながらも、その苦しい労働のうちに喜びをみいだすことができ、そうした喜びをみいださざるをえないという現状から生まれるものである。労働することが一日の主要な時間を占めるのであるから、せめてそうした労働のうちで喜びを得ようとするのは、労働する者としては必然的なことであり、必要なことでもあるだろう。

シモーヌ・ヴェーユ

Simone Weil

1909-1943

フランスのユダヤ系家庭に生まれる。学生時代から組合活動に参加。女子高等中学校で哲学教師として勤務中、休職し、複数の工場で労働。1943年、ロンドンの自由フランス政府で働くべく渡英するも肺結核と栄養失調で客死。遺されたノートを友人が編纂、刊行した『重力と恩寵』がベストセラーに。

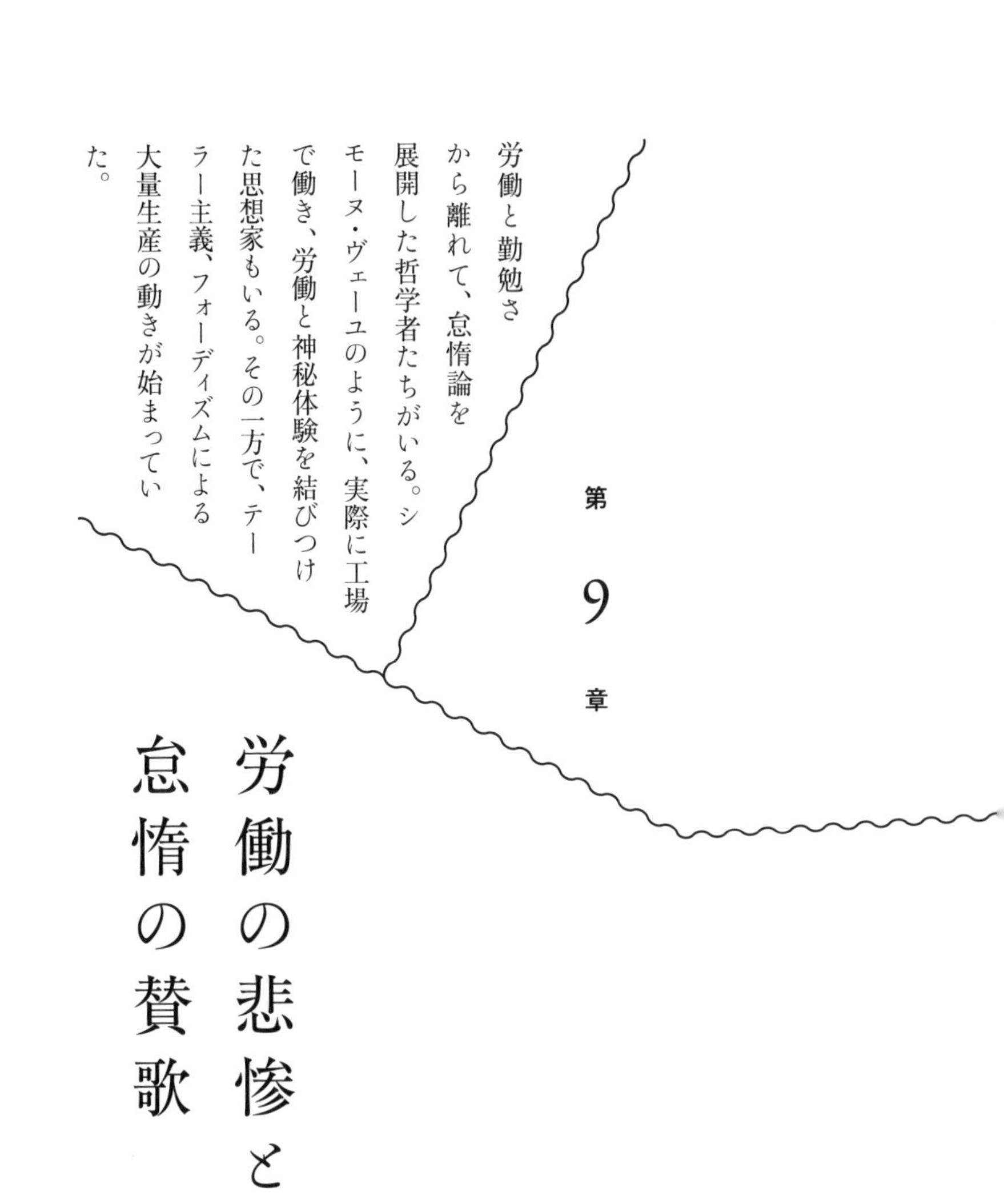

第9章 労働の悲惨と怠惰の賛歌

労働と勤勉さから離れて、怠惰論を展開した哲学者たちがいる。シモーヌ・ヴェーユのように、実際に工場で働き、労働と神秘体験を結びつけた思想家もいる。その一方で、テーラー主義、フォーディズムによる大量生産の動きが始まっていた。

ポール・ラファルグ Paul Lafargue 1842-1911

フランスの社会主義者。マルクスの娘婿。働き過ぎは失業者を生み、過剰生産により恐慌を招くという怠惰の哲学を提唱し、フランス労働党を結成。マルクス／エンゲルスの著作を仏訳し、その思想をフランスに普及させた。

バートランド・ラッセル Bertrand Russell 1872-1970

イギリスの論理哲学者、数学者。「ラッセルのパラドックス」と呼ばれる集合論の矛盾を発見。『幸福論』など人道的な理想を追求し思想の自由を尊重する著作を著し1950年ノーベル文学賞受賞。平和主義者で核廃絶を訴えた。

フレデリック・テーラー Frederick Taylor 1856-1915

アメリカの技術者。労働者とその作業を管理する「科学的管理法」により、労働コストの削減を達成。ベスレヘム・スチール社で計画生産を推進したが、管理職と対立し退職。以後、科学的管理法のコンサルタントとして活躍。

ヘンリー・フォード Henry Ford 1863-1947

アメリカの企業家。自動車会社フォード・モーターの創設者。科学的管理法を応用しベルトコンベアによるライン生産方式を開発、安価なT型フォードの大量生産を可能にし、自動車王と呼ばれる。労働組合結成に強硬に反対した。

第1節 怠惰の賛歌

ラファルグの怠惰の賛歌

しかしこのような労働の賛歌や、労働がもたらす満足の哲学とは対照的に、労働の苦しさを直視して、労働からの解放と自由時間における自己充足の尊さを主張する哲学が生まれてくることもまた、避けがたいことである。労働の喜びではなく、怠惰の喜びの哲学の代表となるのは、マルクスの娘婿だった**ポール・ラファルグ**（一八四二〜一九一一）である。

ディーツゲンのように社会主義の内部から、労働を神聖なものとする哲学に対抗して、同じく社会主義の内部から、労働の神的な性格を否定する哲学が登場するのも不思議なことではないし、こうした哲学がそれほど多くなかったことはどこか不思議でもある。ラファルグは、こうした労働神学を嘲笑するかのように、近年においては人間をある狂気が苦しめていると主張する。「その狂気とは、労働への愛情、すなわち各人およびその子孫の活力を枯渇に追い込む労働にたいする命がけの情熱である」[1]。

ラファルグは、労働を賛美するのは、労働の成果を享受する人々、すなわちブルジョワジーと商人たちであって、自分の身体を使って苦しく辛い労働を強いられるプロレタリアートは、ブルジョワジーの労働賛歌にごまかされてはならないと訴える。労働者はこうした労働賛歌や「労働の教義」などを信じ込んではならず、労働者を解放するのが務めであると力説する。プロレタリアートこそは、「人類を奴隷的労働から解放し、人間動物を自由人に高めるべき階級」[2]なのである。

彼は、失業者が労働予備軍として勤労者たちの脅威となるというマルクスの理論と恐慌論の帰結を受け継ぎながら、労働者たちが働きすぎるならば自分たちを苦しめるだけであり、さらには過剰生産によって恐慌を招いて、社会の破滅を導くことを指摘する。プロレタリアートは「労働という悪徳に身も心も捧げたために、社会機構に痙攣を起こさせる過剰生産という産業危機に社会全体を駆り立てる」[3]ことになると指摘するのである。

ラファルグの議論はかなり単純なものである。労働者は一日に三時間働くだけで、残りの自由時間を使って、人間らしい生活を送るべきである。働く権利などというものは悲惨になる権利にほかならないのであり、怠惰になる権利こそを要求すべきである。怠惰こそが「芸術と高貴な美徳の母[4]」なのである。

ラッセルの怠惰論

これとほとんど同じ論拠を採用しているのが、イギリスの論理哲学者**バートランド・ラッセル**（一八七二～一九七〇）である。一九三二年に執筆された「怠惰への讃歌」という論文でラッセルは、近代の機械と技術の発明のおかげで、人間の生存のために必要な生活必需品を生産するために必要な労働量は著しく減少しており、産業的な生産能力の大部分は、贅沢品を生産するために使われていることを指摘している。それなのに労働の道徳が働いて人々を無駄に労働させつづけているのが現状である。

しかしこれは「奴隷国家の道徳[5]」というべきものではないだろうか。労働を賛美するのはブルジョワジーであり、「金持ちは、数千年間、労働の尊厳を説くようになってきたが、そういいながら、金持ち自身は労働の尊厳にはあずからない[6]」ように努めているのである。現代の生産能力をもってすれば、労働者は一日に四時間ほども働けば十分である。「一日四時間の労働をすれば、常識ある人が欲求するだけの物質的快楽を生産するのに十分である[7]」はずだとラッセルは指摘する。残りの余暇の時間は、自分の望むことをするために費やすべきである。余暇の時間は自己実現に利用することができるはずである。「科学的な好奇心を持っている人々は誰でも、気の向くままに活動するだろうし、あらゆる画家は、どんなにその画が優秀であろうとも、飢える心配なしに描くことができるだろう」[8]。

ラッセルの議論は、社会主義の伝統のうちにいるラファルグの議論よりも思いつきに近いものであるが、誰もがひそかに考えていることを正面から述べているという利点はあるだろう。怠惰の勧めの理論は、論理的な根拠は脆(もろ)いものであるかもしれないが、労働の倫理に抗して、誰ものひそかな願いを表明しているという点で、わたしたちに必要とされていたものと言えるだろう。

第2節 シモーヌ・ヴェーユの労働論

工場労働の体験

社会主義の思想の到来とともに、このように労働という営みが「聖なるもの」というイメージを帯びる傾向が強くなる。労働と労働者という概念が、尊いものとさえ思えてくるのである。しかし現実の資本主義社会において、ユートピア的な構想が実現されていないかぎりは、労働が過酷なものであることに変わりはない。そのことは、現実に工場で労働者として働いて、労働の過酷さと労働がどのようにして働く人々の人間性を押しつぶしてしまうかを実際に体験したフランスの哲学者**シモーヌ・ヴェーユ**（一九〇九〜一九四三）が明らかにしたことだった。

ただしヴェーユも同じ職場で働く労働者のうちで、友愛の絆が生まれ、労働することの喜びがきらめくことを否定するものではなかった。そのことは彼女が労働の現場における友愛について友人への書簡で語った次のような言葉にもうかがえるかもしれない。「こういう中にあっては、一つの微笑、一つのやさしい言葉、ほんのわずかな人間的なふれ合いでも、多かれ少なかれ特権をもった人間の中のもっとも献身的な友情よりも、もっとも価値があるのよ。ただここにおいてだけ、人間的な友愛の心がどういうものかが理解できるのだわ[9]」。

著名な数学者のアンドレ・ヴェーユを兄にもつシモーヌは、知識層の家庭で大切に育てられたが、みずからの信念のために工場で労働したことはよく知られている。不器用なヴェーユにとっては工場労働はきつかったに違いない。それでも彼女は社会主義の理念にしたがって、労働と労働者階級のうちにどのような未来があるのかを、自分の身体で学び取りたかったのだった。「ボリシェヴィキの大指導者たちは自由な労働者階級を作りあげるのだと主張しているけれど、かれらの中のだれも、トロツキイはもちろんそうだし、レーニンもそうだと思うけど、たぶん工場の中に足を踏みいれたことすらないのよ。したがって、労働者たちにとってどういう条件が屈従と自由を作りだしているのか、その真相はまるでこれっぽっちも知ってないありさまなのよ[10]」。

工場労働の弊害

しかしヴェーユが工場労働をしてみて実感したのは、工場労働というものは、さまざまな意味で人間を「他人の意志に委ねられた一個の物体」にしてしまうということだった。ヴェーユはいくつかの観点から、労働の辛さを克明につづっている。まず身体的な側面から考えてみよう。

工場労働は働く者をとことんまで疲労させる。死んだほうがましだと思うくらい耐えがたくきびしい、そしてときとしては苦痛な疲労。「疲労。誰でも、いかなる境遇にあっても、疲れるということがどういうものか知っている。しかしこの疲労には特別な名前が必要だろう[11]」。

それから飢餓感。これはたんなる空腹ではなく、空腹であるために働けず、解雇されるという恐怖と結びついた恐れである。それは「恒常的に起こる栄養不良ではない。飢えなのだ。きつい肉体労働と結合した空腹は、悲痛な感覚である。いつもと同じくらい早く働かなければならない。さもないと、次の一週間もまた食べずにいなければならないだろう。おまけに自分の生産する量が不足しているという理由で解雇される。空腹ということは弁解にはならない。空腹である、しかしもっとひどい空腹に陥れる権限をもっている人々の要求を満たすために働かなければならない[12]」のである。

身体的な要素はただちに心理的な要素につながる。空腹は激しい労働から生まれるが、この空腹のために労働に支障が発生する。そうした不出来な労働はただちに解雇の恐怖を生み出す。

仕事がうまくゆかない原因はさまざまなものがある。自分の空腹や疲労だけではなく、素材にまつわるトラブル、機械のトラブル、他の部署から流れてくる仕掛品（しかかりひん）の欠陥など、仕事は万全な体調のときでも、トラブルが発生しかねない。「不良品や、道具破損の原因になりうるすべての些細な事故にたいする恐怖。一般的に言って解雇されることへの恐怖。解雇を避けるだけのためにさらに多くの苦痛にさらされる[13]」。

こうした恐怖のうちで働くことは、屈辱を招く。「ちょっとした叱責が大変な屈辱である。なぜなら答えようとはしないから。そして何と多くのことが叱責を招く原因になることだろう。調整工が機械をよく整備しなかった、ある道具の鋼鉄の質が悪い。部品がうまく装置できない、すると叱られる[14]」。

仕事が手早く進まないと、配置転換される。「この機械にどのくらいの時間向かっているのか。他の機械の方にいけと命じられる。絶えず命令を受ける立場に置かれている。他人の意志に委ねられた一個の物体である。物体になるのは人間の自然ではなく、しかも鞭とか鎖とかいう目に見える強制はないので、この消極的な力にみずから屈服しなければならない[15]」。

この屈服は上役の命令に物体のように服従することだけではなく、上役の好意をかちとるため、少なくとも敵意を招かないようにするために、その意にしたがうことを求められるという意味での精神の屈服をも意味する。雇用関係にある賃金労働者は、「直接の上役、たとえば調整工、組長、職長などの好意または敵意が占めている異様なまでの重要さ。これらの人達は自分の意志でいい仕事や悪い仕事を与え、自分の意志で助けることも解雇してしまうこともできるのだから。機嫌を損ねないようにする恒久的な必要性。ひどい言葉にたいしても、もしそれが職長なら、不機嫌の色を少しもみせず、むしろ尊敬をこめて答える必要性[16]」に服さなければならないのである。

ヴェーユの試み

ヴェーユはこのように工場労働が非人間的なものであることを確認した上で、それを少しでも改善することを試みた。ヴェーユが彼女の働いたことのある工場の責任者であった工場長に提示した案は、次の三つの要素で構成されている。第一に労働過程への服従によって生じる隷属の感情を緩和するために、倫理的な援護を与えることである。「貧困、隷属、依存による毎日の打撃によって必然的に押しつけられる劣等感ほど思考を麻痺させるものはありません。かれらのためになすべき最初のことは、かれらの尊厳の感情を再発見し、場合によっては維持するように助けてやることです。このような境遇の中で、この感情を維持することがどんなにむずかしく、すべての倫理的な支持がどんなに貴重であるか、わたしはあまりにもよく知っています[17]」。

第二にヴェーユは、労働者に誇りをもたせるためにも、ある程度の階級精神をもたせるべきだと考える。「労働者たちの倫理的な健康のことを考えますと、つねにひそかにある程度は芽生えている階級精神を恒久的に抑圧することが、望ましいであろう程度よりもずっと遠くまで進んでいます。ときとしてこの精神に表現を与えることは（もちろん扇動はせずに）、それを喚起することではなく、その厳しさを和らげることになるでしょう[18]」。

第三にヴェーユは、労働者たちに自分たちの苦しみ、感情、思考を表現する場を与えようとする。それには二つの利点があると考えている。一つは労働者のあいだでの連帯感を形成することである。こうした労働者仲間が発表した文章を読むことで、人々は「もっとよく相互理解を深めるでしょう。仲間意識が広がり、それだけでも大変な収穫でしょう[19]」。

それだけではなく、現場の労働者たちが書いたこうした文章は上司にたいして、部下の労働者たちが抱えている問題を理解させることができるだろう。というのも、「きわめてしばしば、本当はよい人間である上長者たちが、彼らが理解していないというだけの理由で冷酷な態度をみせる[20]」ものだからである。もしも彼らが労働者たちの苦境を理解したならば、たんに利益を最大にすることではなく、工場の中での労働環境を改善することで、労働者からの協力を獲得するという重要な目的を実現することができることを学ぶだろう。「彼らの支配的な先入観によってつねに収益を最大にしようとするのを防いで、工場の存立に不可欠な収益と両立しうるかぎりにおいて、最も人間的な労働条件を組織する[21]」ことを試みるだろう。

ヴェーユが理想とするのは、厳しい労働条件をできるかぎり人間的なものとすることである。そのために労働者の屈従と抑圧の感情を緩和し、倫理的に支え、労働者に発言させて、上司との相互理解の道を開くことが必要であると考えた。こうしたことによって労働者と管理職のあいだに「協力の精神[22]」が生まれ、労働者の労働の意志が向上するだろう。それは工場の管理職にとっても好ましいことだろうとヴェーユは考えたのである。

ヴェーユは政治的な革命では、工場のうちで働く労働者が必然的に味わう屈辱感や抑圧感がなくなるとは考えない。「力関係の中のより大きな平等の方向に向かって、現在の制度を可能なかぎり根本的に改変することをわたしは心から希望します。今日、革命と呼ばれているものによってそれが達成できるとは思いません」[23]とヴェーユは語る。「工場に関しては、わたしが提起している問題は政治制度とはまったく無関係です。それは全面的隷属から脱して、隷属と協力とのある程度の複合に漸進的に移行することです。理想は純粋な協力なのです」[24]という。

労働の条件は過酷である。この過酷さを取り除くことはできない。工場の体制のもとで、労働が喜びであることはほとんど期待できない。この労働の条件は政治的な革命では改善されないだろう。近代的な工場の生産様式では、「産業生産の要求を満たすためには絶えず身を落とし、自分の固有の価値を失わないために立ち直らなければならないという具合ですから。社会的な圧力の近代的形式の中に存在するおそろしさはこれなのです」[25]。だからそれを少しでも耐えやすいものにするしかないと、ヴェーユは考えるのである。

ヴェーユの神秘主義

ただしヴェーユは、労働がこのように過酷で抑圧的なものであることを確認しながら、そこに一つの「効用」のようなものをみいだしている。これは彼女だけにとっての個人的な効用であるために、工場での労働にかかわる考察においては、軽くふれられているだけである。過酷な工場労働は彼女に、自分が「無」であることを体験させるという意味をもっていたのである。

ヴェーユは「肉体労働の大きな苦痛。それは働いている人が、ただ生存するためだけに、長時間の努力を強いられていること」[26]を確認する。生存すること、それはただ生き延びるということであり、そこにはほんらいの意味での価値も目的も存在しない。「なにか一つの善を目指すのではなく、必要に迫られて、引き寄せられてというよりは、うしろから押されるようにして、自分の生存をそのままの状態に保つために努力すること、それはつねに隷属である」[27]。

しかしこの完全な隷属という状態は、人間のふつうの生活ではなかなか体験できないことである。それはあらゆる意志と目的を奪われて、物質のような状態にまで落ちることだ。それは死を疑似的に体験することのできる稀有な経験なのである。「肉体労働、肉体のなかにはいりこむ時間。労働をとおして、人間は物質になる。キリストが聖体の秘蹟をとおして物質になるように。労働は一種の死のようなものである。死を経なければならない。生命を奪われなければならない。世界の重力を耐えしのばなければならない」[28]。

この死のような状態においてこそ、神の恩寵が訪れる場が生まれると彼女は考える。いかなる精神の重力も働かない究極の場においてこそ、神の恩寵が降りてくる。「低くなること、それは精神の重力にたいして上昇することである。精神の重力はわれわれを高いほうへ落とす」[29]。ヴェーユにとって過酷な肉体労働は、善についての考察や欲望を放棄し、みずからの無性を再確認し、実際に体験することの困難な死を経験するための重要な方途と考えられたのである。

第3節 現代の労働システムとその変遷

テーラー・システム

ヴェーユの指摘する労働過程における屈従と抑圧は、本質をついているが、実際の現場がつねにこのような状態であるとは限らない。筆者も大学をドロップアウトして小さな町工場で旋盤工として働いた経験があるが、こうした町工場ではそれなりに融通がきいて、自分が機械の一部であると感じるようなことはそれほどはなかったし、「貧困、隷属、依存による毎日の打撃」を受けつづけることもなかった。ヴェーユの経験したフランスの工場での労働は、作業が細分化され、監督されたテーラー・システム（後述）の最盛期だったのだろう。このシステムの欠点はやがて明らかになり、さまざまな観点から改善されるようになる。マルクスが描いたような、人間が機械の労働のうちで細分化される工場労働を古典的に表現したのは、チャップリンの映画『モダン・タイムズ』だったが、ヴェーユの経験した厳しい肉体労働の雇用条件は、これとは別の意味で非常に抑圧的なものだった。

フランスの新しい経済学の流れであるレギュラシオン派は、労働過程の変遷を歴史的に追跡している。二〇世紀の初頭から、フォーディズム（後述）がテーラー主義と組み合わさったかたちで、工場の生産過程を一新した。どちらも労働者の賃金を向上させることで生産意欲を高め、増えた賃金による新たな市場を作りだすことを目的とするものだった。ただし労働過程についでは重要な違いがある。テーラー主義は、生産過程の合理化を目指し、フォーディズムは生産過程の単純化と連続化を目指すものだった。

テーラー主義の重要な目標は、それまで数値化することが困難だった熟練労働者の労働を分析して単純な労働過程に分解し、それを組み合わせることで、未熟練労働者でも同じような質の高い労働を遂行できるようにさせることを目的としていた。ヴェーユの描き出している過酷な労働も、テーラー主義の原理にしたがったものだったと考えることができる。そしてヴェーユはテーラー主義について詳しい考察を残している。

ヴェーユによるテーラー主義の分析

テーラー主義を作りだした**フレデリック・テーラー**(一八五六〜一九一五)は、アメリカで目の疾患から弁護士になり損ねたのち、機械工見習いとして工場の現場での労働について学んだという風変わりな経歴をもつ人物である。やがて工場長になったが、ヴェーユが指摘するように、彼は「労働者の調子を絶えず上げさせるという執念だけをもちつづけた」[30]。もちろん労働者と対立する結果になったが、これに対抗しようとしたテーラーは、二つの問題に直面した。第一は、彼は「作業の各操作を実現するにはどれだけの時間が不可欠であり、時間を一番短くするためにはどんな工程がやりやすいものであるかをまったく知らなかった」[31]ことである。第二は、「工場の組織のために、彼は労働者の消極的抵抗を効果的に克服する方法をとることができなかった」[32]ことである。

この二つの問題に対処するためにテーラーは研究をつづけた。第一の問題は、労働の工程の分析と機械化によって克服された。そのためにはそれぞれの作業を細かく分解し、それを実現するための最短のプロセスを考案し、それを機械化した。旋盤工の作業の工程を細かく分解し、それを自動旋盤で実行できるようにしたのである。

第二の問題もこの自動化によってほぼ解決できたようなものであるが、テーラーはさらに「仕事の工程とリズムを労働者たち自身で決定する可能性を彼らから奪い取り、生産のあいだに実施すべき動作の選択を管理者の手に取り戻す」[33]ことに成功した。労働者からすべてのイニシアティブを取り上げ、ひたすら管理者の命令にしたがって、定められた動作だけを実行させるようにしたのである。

このテーラー方式は効率的ではあるが、労働者からあらゆる自発性と熟練を奪う結果となった。ヴェーユの語るように「テーラー方式の完成が、労働者たちから、［作業］方法の選択権も、自分の労働に対する知性も奪い、それらは研究所の手に握られた。この組み立て方式は労働者に必要な技能を消滅させた」[34]のである。

この方式の目的は、「職能労働者ないし熟練労働者の〈もっとも優れた動作〉を一般化し、そうすることによって熟練労働者から、このコツの独占によって彼らが労働現場で確保している影響力を奪うことだった」[35]。このシステムは、労働者から自分の仕事への生きがいや誇りのようなものを完全に奪い取り、経営者に隷従することを求めるものとなった。

フォーディズム

このテーラー方式を採用して、大量生産のシステムを確立したのが、自動車の生産にライン方式を導入して「自動車王」と呼ばれた**ヘンリー・フォード**（一八六三～一九四七）であり、彼がフォード社の自動車生産プロセスで実現したフォーディズムによる生産方式である。レギュラシオン派の経済学者のアラン・リピエッツが指摘しているように、「フォーディズムの労働編成モデルは、さまざまな職能部門からなる大企業内部でのテーラー主義と機械化との結合である」[36]。

この方式は、労働システムにおける生産性の向上と、労働者への購買力の賦与という二つの要素で構成されている。第一は、ライン方式による労働の生産性の向上であり、「熟練した構想者と熟練を剝奪された実行者との徹底的な両極化や機械化の進行にもとづく大量生産方式。これによって生産性（一人あたりの生産物）の急上昇と、労働者によって使用される設備財の量的拡大とがもたらされる」[37]ことだった。第二は「付加価値の規則的な配分。すなわち、労働生産性上昇に比例する、賃金労働者の購買力の増加」[38]である。

この第一の要素はテーラー主義と同じことを目指すものであるが、フォードは作業を分解して機械化するだけでなく、分解した作業を直線的に配列し、それぞれの作業を連続的に行わせるベルトコンベアによる労働方式を発明し、これによって生産を流れ作業にした。この装置で仕掛品を運びながら、ベルトコンベアの側に配置された労働者が作業を順に、円滑に遂行できるようにしたのである。これは機械化が困難であり、労働者が現場で従事しなければならない仕事の作業効率を著しく高めた。

第二の要素はテーラー・システムにはみられないものであり、フォーディズムに特有の重要な仕掛けである。フォードはその当時としては異例なほどに高い賃金を従業員に支払った。テーラー主義とベルトコンベア・システムの組み合わせによって生産性が向上しているため、こうした高い賃金を支払うことができるようになったのである。こうしてフォード社の労働者は、他の企業よりも著しく高い給与を稼ぐことができ、それまでは手がとどかなかった自動車を自分たちでも購入できるようになった。これが自動車の市場を爆発的に拡大するために役立った。それだけではなく、これによって「アメリカ的な生活様式」が実現され、その快適さが世界の注目を集め、憧れを生んだのだった。「アメリカ的生活様式は、生産至上主義と〈快楽主義〉を旨とするモデル、つまりすべての人が商品の消費の増加をとおして幸福を追求するモデルである[39]」。

これはたんにアメリカの富を拡大しただけでなく、アメリカによる世界的な覇権を実現する上で、非常に重要な役割をはたしたのだった。世界の人々が「アメリカ的生活様式」に憧れるようになったことが、アメリカの軍事的な覇権を背後から支える文化的な威力となったのである。このアメリカの覇権は、フォーディズムに体現された生産様式に依拠しながら、次の三つの進歩を謳うことができた。すなわちこの方式によって、生産技術の発展に伴う「技術的な進歩」を実現し、購買力の上昇に伴う「社会的な進歩」を達成し、それを国家が経済政策によって援護することで福祉国家が実現され、「国家の次元の進歩」も確保されたのである。このモデルは最近まで確固とした地位を確保してきたのだった。

フォーディズムの蹉跌

アメリカ合衆国の国外でもこのフォーディズムが次第に採用されるようになった。とくに西洋諸国ではこのシステムが好んで採用された。たとえば「フランスがフォーディズムを完成したのは、一九六八年六月のグルネル協定のときにすぎない。グルネル協定によって、フォーディズムに抵抗する最初の激しい大衆運動とみなすことのできる〈五月革命〉は、終止符を打たれた[40]」という。

しかしこの時期からアメリカではフォーディズムの行き詰まりが明らかになり始めていた。それはフォーディズムに内在する問題が露呈し始めたためである。この方式は、労働者のイニシアティブを否定する。そのため、労働の生産性を向上させるには、機械化に頼るしかない。しかし機械化には限界がある。そのため企業は利潤を確保するために販売価格を引き上げざるをえない。これは物価の上昇をもたらし、やがては労働者の賃金の上昇を招き、それがまた物価の上昇を招く。いずれ消費者の購買力は減少し、需要も低下するようになる。これが景気の後退をもたらす。市場が縮小すると失業者が増大する。やがてフォーディズムの目指していた「福祉国家と社会的移転の正統性そのものが非難された。要するに、福祉国家の正統性とともに、フォード的妥協のすべてが攻撃されていた[41]」のである。

またフォーディズムの流れ作業が労働者の士気を損なうのは明白であった。そして労働者はこれに抵抗するようになる。「一般的な教育水準の上昇、労働者の集団的な自己意識の高まり、労働における個人の開花と尊厳への普遍的な願望などが原因となって、〈権限をもつ者〉と〈実行する者〉とのきわめて粗野な形態の分離のなかで人格が否定されていることに対する反抗が、次第に明確なかたちをとるようになった[42]」。

新たなモデル

このようにして、テーラー・システムとフォーディズムの組み合わせに依拠したアメリカ的な生活様式と所得増大のモデルは行き詰まることになった。これに対応して登場したのが、ネオリベラリズム的なモデルとネオテーラー・システムのモデルである。イギリスのサッチャー首相の経済政策で有名になったネオリベラリズム的なモデルは、福祉国家を否定し、国家による過剰な統制を批判しながら規制を緩和し、自由貿易を主唱し、技術革新を推進するものだった。またネオテーラー・システムは、テーラー・システムにおいて重視された機械化をさらに推進したものだった。労働者の抵抗を最小限にするためには、結局のところ人間の「生きた労働」をなくし、機械という「死んだ労働」ですべてを解決することを目指すのである。テーラー・システムでは熟練労働者の労働を機械化することを目指したが、ネオテーラー・システムでは、「単純労働者やスーパーマーケットのレジ係りやタイピストの参加をなしですます」[43]ことを目指したのだった。

また、テーラー・システムの欠陥を是正するために、労働者のイニシアティブを重視するモデルも採用された。これはスウェーデンや日本で活用されたモデルである。日本の労働モデルの特徴とされたのは、「実行者の知識と想像力を生産性の改善と品質管理に動員するためのQC［品質管理］サークル、企業内のフローはおろか企業間のフローの管理まで全従業員をリアルタイムで参加させる〈カンバン〉方式、研究開発努力を共同で行う[44]」方式である。

とくに一九八〇年代のトヨタ方式は、フォーディズムの遺産を拒絶するものであり、オペレータと呼ばれることになる労働者たちは、「徐々に品質管理やメンテナンス作業を担わされるようになっていった[45]」。さらに「労働者を量と質の点で生産全体に責任を負う〈自立したチーム〉に組織しようとする努力も行われている[46]」。これによって労働者たちには疎外された労働が強制されるのではなく、「特定の生産の全体について責任を持つようになる[47]」のであり、それによって彼らの労働は「豊かになった」とされている。スウェーデンのボルボでは、ベルトコンベアの生産方式を改めて、一人または少数の労働者がチームを組んで、一つの製品を最初から最後まで完成させる「セル生産方式」を採用した。さらに労働者の勤務条件を改善して、高い離職率を抑えようともした。

こうした改良版のテーラー・システムが日本、ドイツ、スウェーデンなどで成功し、高い生産性を確保できるようになったために、それまでのテーラー・システムのように労働者の労働意欲を殺ぐような労働方式では生産性を高めることができないことが次第に明らかになってきた。ただしこれらの改良もまた労働者の意欲をかき立てて生産性を向上させるための手段であることに変わりはない。こうした改良は第11章で考察する承認労働の一つとみなすべきであろう。

フリードリヒ・ニーチェ

Friedrich Nietzsche
1844-1900

ドイツ・プロイセン王国の牧師の家に生まれる。バーゼル大学の教授となるも健康を害し1879年辞職。執筆活動を続けるが89年に精神が崩壊。ソクラテス以後の西洋文明を否定し、キリスト教の神の死を宣言、永遠回帰の世界を生き抜く超人の提唱などの独自の思想を展開した。

第10章

労働論批判のさまざまな観点

ハイデガーは
人間が自然を征服し、
自らが「根源的に役立つもの」と
なったという。ホルクハイマー／アドル
ノも人間の外部の自然の支配が、人
間の内部の自然を否定したとす
る。ボードリヤールは労働と自
然の弁証法にとどまるかぎ
り、自由は遠いと主張する。

ルネ・デカルト René Descartes 1596-1650

フランスの数学者、哲学者。自らが思考することの確かさに真理の根拠をみいだし、「我思う、故に我あり」の命題を導く。信仰ではなく、人間の理性を用い真理を探究する立場を確立し「近代哲学の父」と称される。

ジークムント・フロイト Sigmund Freud 1856-1939

オーストリアの心理学者、精神科医。パリ留学中、ヒステリーの催眠治療に接し、神経症治療に興味を抱く。無意識の存在を確信し、治療技術としての精神分析を確立。コンプレックス、幼児性欲などを発見した。

マックス・ホルクハイマー Max Horkheimer 1895-1973

ドイツの哲学者、社会学者。1930年フランクフルト大学の社会哲学教授になり「社会研究所」を主宰。古典哲学と社会学、心理学、精神分析などの新しい科学的成果を総合する現代社会理論の共同研究を目指した。

テオドール・アドルノ Theodor Adorno 1903-1969

ドイツの哲学者、思想家。ホルクハイマーの「社会研究所」メンバーとなり、ナチスに協力した一般人の心理的傾向を研究し、権威主義的パーソナリティについて解明した。

ジャン・ボードリヤール Jean Baudrillard 1929-2007

フランスの哲学者、思想家。マルクスの影響を受け、生産と消費への欲望を研究。現代消費社会は差異化と記号化されたシステムとコードに組み込まれているとし、独自の現代社会批判を展開した。

第1節 ニーチェによる労働批判

ニーチェの主奴論――奴隷のルサンチマン

労働することは人間の類的なありかたなどではなく、堕落であるという見方は、西洋哲学の伝統的な価値を転倒した**フリードリヒ・ニーチェ**（一八四四〜一九〇〇）にも明確にみられる。ニーチェからみると、労働を神から与えられた使命とみなすプロテスタントを含めたキリスト教の禁欲的な理想は、道徳性にかかわる複雑な戦略によって動かされている。ニーチェもまたヘーゲルの主奴論を手掛かりに考察する。ヘーゲルは主奴論を展開しながら、ある自然状態を構想して、二つの自己意識が対決する承認をめぐる闘争で、生命を失うことを恐れない高貴な者が主人となり、生命を惜しんだ者が奴隷となったと考えたのだった。ヘーゲルはこの闘争を歴史的に位置づけていないが、ニーチェはこの生命を賭けた闘争が、古代のある時期に起きたものと想定する。ただし、この「古代」はヘーゲルの自然状態と同じように、仮説的なものである。

ヘーゲルの主奴論では高貴な〈主〉は労働を軽蔑して奴隷に働かせる。労働を強いられた〈奴〉はやがて自然を加工する経験を積み、技術を習得し、ついには主人の主人となるのだった。そしてニーチェの主奴論でも、高貴な者は労働を軽蔑する。それは「労働することは心も身体も卑しくするものであり、恥ずべきことであるという貴族的な感情[1]」によるものだと考えるからである。

しかしニーチェの主奴論では、〈奴〉が労働することで経験を積み、主人の主人になるという奴隷の労働の弁証法は発生しない。ニーチェは労働は厳しい過酷な仕事であることに変わりはないと考える。しかし〈奴〉の精神のうちで、ある逆転の弁証法が発生する。ヘーゲルの主奴論では〈主〉に相当する「高貴な者」は能動的な人間であり、行動することに幸福をみいだす者たちである。これにたいして〈奴〉に相当する「無力な者、抑圧された者[2]」は、労働を強いられているために、行動することではなく、休息や平和のうちに幸福をみいだしうるにすぎない。ニーチェは、彼らは受動的な人間であり、高貴な者たちを恨み、自分たちの境遇を恨むことしかできないと考える。こうして怨恨、すなわちルサンチマンの感情で満たされた奴隷たちは、

「毒を含み、敵意をもった感情で化膿している」[3]のである。

こうした者は、境遇を変えるために行動することができない無力な者であるために、心の中で価値を逆転させるしかない。そこで心の中でひそかにこう考える。われわれは無力である、しかし無力であるということは行動しないことであり、他人を強制して働かせたりすることも、他人に暴力を行使することもないということである。ということは、われわれは善人だということだ。「善人とは暴力を加えない者であり、復讐は神にゆだねる者であり、われわれのように隠れている者であり、(中略)われわれのように辛抱強い者、謙虚な者、公正な者のことである」[4]。こうしてニーチェにおいては〈奴〉は善なる者となり、〈主〉は悪なる者となったのである。自然への働きかけとしての労働のような実際の行動に裏づけられていない精神のうちだけで働きうる弁証法によって、〈奴〉は〈主〉になったのである。大胆な価値の転倒である。

聖職者の役割

しかしこの価値の転倒と弁証法は、ただ心の中だけで生じたものにすぎない。たんなる恨みの感情からの自己憐憫であり、自己欺瞞にすぎない。しかしここでこの感情を理解し、これに働きかける人物が登場する。これは〈奴〉のように受動的な人間ではなく、他者に働きかける能動的な人間であるから、もともとは〈主〉の身分の者だったに違いないとニーチェは想定する。この人物が、〈奴〉の受動的な怨恨のルサンチマンという感情に働きかけ、これを正当化することに成功する。これがユダヤ教とキリスト教の聖職者であり、この聖職者の働きかけのもとで、善と悪が逆転する弁証法が実現する。

聖職者はまず自己に能動的に働きかける。「ある種の食餌療法［肉食を禁止すること］、断食、性的な禁欲、〈荒野への〉逃避[5]」などの禁欲的な理想を実行するのである。この禁欲的な理想には、修道院における労働が含まれていたことは当然のことである。やがて聖職者はこの理想にふさわしい人々をみいだす。それが労働と禁欲を強いられている奴である。聖職者は奴隷たちに話しかける。「惨めな者たちだけが善き者である。貧しき者、無力な者、卑しき者だけが善き者である。苦悩する者、とぼしき者、病める者、醜き者だけが敬虔なる者であり、神を信じる者である。浄福は彼らだけに与えられる[6]」。

こうして〈奴〉たちのルサンチマンから、新たな道徳が作りだされた。善なる者は、惨めな者、強いられて労働する者、苦悩する者である。これにたいして悪なる者は、「高貴な者、力を振う者[7]」であり、「汝らは永久に救われぬ者、呪われた者、墜ちた者であろう[8]」と断罪される。このような道徳観のもとでは、禁欲的な意味をもつ労働は神聖なものとなる。この労働のイデオロギーのもとで、「有用で、勤勉で、さまざまな分野で役に立つ器用な家畜的な人間が作りだされる[9]」のである。

すでにマックス・ウェーバーがプロテスタンティズムの倫理のもとで、いかにヨーロッパにおいて労働を神聖と考える道徳観が生みだされたかを解明してきたが、その考え方の源泉の一つがこのニーチェの道徳の系譜学にある。ニーチェはヨーロッパの労働する大衆について「多彩で、お喋りで、強い意志をもたず、きわめて器用な働き手[10]」であると指摘すると同時に、彼らは「毎日のパンと同じほどに主人を、命令する者を必要とする人間である。だからヨーロッパの民主化は、もっとも精密な意味での奴隷制度にふさわしい人間の類型を作りだすものとなろう[11]」と指摘していたのである。ニーチェの考えでは、この奴隷にふさわしい「人間の類型」を代表するのが、プロテスタントたちなのである。

自然の侵害と人間の幸福

ニーチェはこのように西洋の禁欲的な労働道徳の背後にある「系譜」を明らかにしたが、労働と自然との関係について、ヘーゲルやマルクスの伝統とは明確に異なる視点を提供してくれる。ヘーゲルやマルクスは労働によって自然を加工することが、人間の歴史の端緒になったことを重視していたが、ニーチェはこうした見方を否定する。それは人間の驕り（ヒュブリス）なのである。「自然に向かうわたしたちの姿勢のすべては傲慢（ヒュブリス）である。機械を使って、自然への配慮のない技術者や工学技師の発明の助けを借りて、自然を制圧しようとすることはすべて傲慢である[12]」。この思想はやがて後述のハイデガーやホルクハイマー／アドルノたちによって発展させられることになるだろう。

第2節

フロイトにおける応用

文明と労働

ニーチェから強い影響を受けていたジークムント・フロイト（一八五六〜一九三九）は、傲慢（ヒュブリス）という観点ではなく、こうした技術を使って労働することが、そして自然を支配することが、実際に人間たちに幸福をもたらしたのかどうかという観点から、この問題を考察した。そして技術の進歩にかかわらず、人間は文明化された社会のうちで、幸福になっていないことを指摘する。

「この数世代のうちに、自然科学とテクノロジーの応用の分野で、異例なほどの進歩が実現しており、わたしたちはかつては想像もできなかったほどに強力に自然を支配するようになってきた。（中略）それだというのに、人生に期待している快楽の満足度が高まったわけではないし、人間が以前よりも幸福になったと感じられたわけでもないのである」[13]。

フロイトは、西洋の文化が自然を制御し、制覇しているにもかかわらず、人間が作りだした禁欲的な文化のために、人々は自然な欲望を実現できず、不幸に感じていると指摘する。「社会がその文化的な理想を達成するためには、社会の成員に欲望を断念するように強制する」[14]のであり、市民がこの禁欲的な社会において神経症になるのは、「この断念に耐えきれなくなった」[15]ためだと考える。

労働の両義的な意味

フロイトは、労働するということには両義的な意味があると考えている。労働という営みは、人間の欲望の充足を断念するためにやむをえず採用する迂回的な手段だと考える。「労働によって、ナルシシズム的なもの、攻撃的なもの、そして性愛的なものなど、リビドー要素のかなりの部分を職業的な活動や、それと結びついた人間関係へとずらすことができるようになる。それが労働の重要な価値である」[16]。もしも人間たちのすべてが自分の欲望の充足を目指し始めたならば、社会は混乱するだろう。だから人間たちに労働させ、欲望の充足を放棄させるのは、ある意味では社会の安寧のために好ましいことである。しかし人間の本性は労働を嫌うものである。「人間はその本性からして自然に労働を忌避するものである」[17]とフロイトは考える。このフロイトの指摘も、キリスト教の倫理のもとで、資本主義の社会において労働に勤しむばかりで、自分の欲望の充足を断念する人々の運命を照らしだすものであろう。

ただしときに、自分の仕事のうちに自分の欲望を「昇華する」道をみいだすことができる幸福な人がいるのもたしかである。フロイトは自分の精神分析家としての職業について考えている。フロイトにとっては働くことは生きがいそのものだっただろう。「職業における活動が自由に選択されたものである場合や、昇華によってすでにそなわっている傾向、つまりうまれつきそなえている欲動や素質として強められた欲動を利用できた場合には、それがもたらす満足はとくに大きなものとなる」[18]。自分のやりたいことに没頭できる人々には、労働もまた「幸福にいたる道」[19]でありうるのである。

第3節 ハイデガーの技術論

徴発する労働

近代の科学技術が、自然にたいしてある特有の姿勢をとっているために、人間にとっても重要な影響をもたらしていることを指摘したのが**マルティン・ハイデガー**（一八八九～一九七六）であった。ハイデガーは近代技術には、「あらわにあばくこと」[20]という性格があると考える。「近代技術の中で統べている〈あらわなあばき〉とは、自然に向かって、エネルギーとして搬出され、貯蔵されうるようなエネルギーを供給すべき要求を押し立てる徴発なのである」[21]。

かつては農夫は畑を耕していたが、それは「耕地を徴発する」[22]ような乱暴なものではなかった。「穀物の播種にあたっては、その芽生えは成長力に委ねて、その繁殖を見守る」[23]のであった。しかし現代の技術では、「徴発の意味において自然を立たせるのである。耕作は今日では、動力化された食品工業である」[24]。大地から石炭を掘り出し、河川を堰止めして水力発電を行う。すべてエネルギーを取り出す徴発的な営みである。

かつて川には橋を架けて、人間が住める環境を作りだしていた。木の橋は自然のうちに溶け込んで、人間にとって住みやすい一つの環境を作りだすことができる。しかしダムによる水力発電は人間が川に寄り添うような環境を破壊してしまう。「水力発電所は、あの数百年来、岸と岸を結んでいる昔の木の橋のごとく、ラインの流れに建てられたのではない。むしろラインの流れが、水力発電所の中に移し建てられているのであろう」[25]。

それを何よりも象徴するのが、原子力である。原子力発電所や核爆弾で利用されているウランやプルトニウムは、大地からウラン鉱石を掘りだし、鉱石からウランを取り出して精製して燃料とし、このようにして精製したウランを燃焼させてプルトニウムを取りだすという複雑なプロセスによって作られる。このエネルギーにおいて特徴的なことは、自然のうちに存在する元素とは異なる人工的な元素を作りだして、それを利用することにある。人間は今や自然を加工して、自然に存在しないものを生みだし始めている。この技術はそして、環境に破壊的な影響を与える可能性がある。

マルティン・ハイデガー

Martin Heidegger
1889-1976

ドイツの小村に生まれる。現象学を提唱したフッサールに師事。哲学史における主要テーマ「存在」を独自に問い直す『存在と時間』を著し世界中に衝撃を与えた。ナチスに入党したことから戦後、教職停止。1951年復職。ナチスとの関係は、ハイデガー哲学理解の課題となり、論争を引き起こした。

ハイデガーは、現代の人間が自然にたいしてこのような姿勢を示していることが、人間のありかたそのものに重要な影響を及ぼしていることを指摘する。このような〈あらわにあばくこと〉が可能となっているのは、「人間自身の方がすでに、自然エネルギーを搬出するように徴発されている」[26]からにほかならない。そして自然そのものよりも、人間が「根源的に役立つものに属している」と言わざるをえないのである。自然よりもまず人間が有用な「資材」となっているのである。人間は自然を資材として扱っているうちに、自分自身も一つの資材であるかのように、考え始める。

これが意味していることは、人間がもはや自分を見失っているということである。「人間は今日、もはや真の意味においては徹頭徹尾、自分自身にすなわち人間の本性に出会うことはない」[27]のである。人間は「自分のいかなる在り方をも聞き漏らし」[28]てしまう。技術そのものが危険なのではなく、このように自然にたいして「徴発」というかたちで技術を使うことで、自己を喪失してしまった人間のありかたこそが危険なのである。

世界像の哲学

ハイデガーは西洋のこのような自然への姿勢は、近代の**ルネ・デカルト**(一五九六〜一六五〇)の哲学以来の重要な伝統を受け継いだものであると考える。デカルトは、自分が思考することのたしかさに真理の根拠をみいだした。ということは、デカルトにおいて哲学の基盤となるのが、主体としての自己への確信であるということである。この主体が対象を心に思い描くことで、その対象の存在とその真理が確定される。「このような形態で対象となるもののみが存在する。すなわち存在するものとみなされる。存在するものの存在するということが、こうした対象的であることのうちに求められる時、はじめて探求としての学という事態が生まれる[29]」とハイデガーは指摘する。

この対象化とは、対象を表象する（心に思い描く）ことであり、人間はすべてのものを自分の像として、表象として取り扱うのである。ハイデガーは人間が意識せずに行っている対象化における表象の営みを「直前に立てること（フォアシュテルング）」と呼ぶ。そして徴発としての技術は、その姿勢がさらに露骨になったものにすぎない。「存在するものの存在することは、存在するものが、〈直前に立てられていること〉［表象されていること］の中で尋ねられ、みいだされるのである[30]」。

この表象されたものの全体が「像」と呼ばれる。「近代の根本経過は、世界を像として征服することである[31]」。世界のすべてを表象として、像として思い描くことによって初めて可能となる人間の技術は、この世界像の哲学としての近代哲学の思考方法と同根のものである。「近代的な技術の本質は、近代的な形而上学の本質と同一のもの[32]」なのである。この世界像のもとでは、労働とは人間が主体として、こうした表象としての自然に働きかけることにほかならない。「世界が像になるということは、人間が存在者のうちにあって主体となることと同一のこと[33]」なのである。

この労働という営みは、主体である人間が、対象である自然に働きかけて、自然を自分の役に立つものに変える行為であり、それは自然を損なう行為とならざるをえない。かつての労働は、たとえば畑を耕す営みとして、自然の恩恵を受けるために自然に働きかける行為であった。すでに確認したように「農夫の仕事は耕地を徴発するのではない。穀物の播種にあたっては、その芽生えは成長力に委ねて、その繁殖を見守るのである」[34]というものだったはずだ。

しかし現代の技術的な発展とともに、耕作という労働は、遺伝子操作された種を播き、上空からヘリコプターやドローンで殺虫剤を散布するような工業的な営みとなってきた。「耕作は今日では、動力化された食品工業である」[35]。こうした耕作が人間の利益だけを目的とし、自然の維持を無視した破壊的な営みとなるのは、ごく自然なことである。労働は今や、人間の過大になった欲望を充足するために人間にとって貴重な意味をもつ自然を破壊する行為になりかねない。

第4節 啓蒙の弁証法

人間内部の自然の否定＝ホルクハイマー／アドルノ

この自然への侵害が近代技術に固有のものではなく、人間の歴史そのものであることを指摘したのが、**マックス・ホルクハイマー**（一八九五～一九七三）と**テオドール・アドルノ**（一九〇三～一九六九）の共著『啓蒙の弁証法』である。この著書では、人間の歴史全体を啓蒙の歴史と捉えている。啓蒙の目標は、神話を打破すること、「人間から恐怖を除き、人間を支配者の地位につけるということ[36]」である。啓蒙のプログラムは、「世界を呪術から解放すること[37]」にある。そのためには、「自然と人間とを完全に支配するために自然を利用すること[38]」が必要である。というのは、「こういう自己自身に暴力を振う思考だけが、さまざまな神話を破壊するに足る強固さをもつ[39]」からである。そして自然にたいしては神話的な呪術に頼るのではない。「自然は、もはや「呪術的な」同化によって影響を与えるべきものではなく、労働によって支配されねばならない[40]」ことになったのである。

しかしここでヘーゲルの主奴論が働き始める。主人は自然を支配し、加工することを望むが、労働は他人に、すなわち奴隷にさせるのである。しかしニーチェの場合と同じように、ここでもヘーゲルの主奴論のような労働の弁証法は発生しない。奴隷たちも主人たちも衰えていくばかりである。奴隷たちは、強制的に労働させられるために、自然の「事物の間近にいるにもかかわらず労働を享受することはできない。なぜならその労働は、強制の下に、絶望的で感覚を押し殺した形で行われるからである。奴隷は肉体においても魂においても軛（くびき）につながれたままであり、主人は退化していく。今までのところどんな支配も、この代償を支払わずに済ますことはできなかった[41]」のである。

文明が進展し、技術が開発されてゆくほど、ますます精神は怠惰になり、退化してゆく。その根源は、人間が自然を支配するために、自己の内的な欲望を否定し、これを支配しようとしたことにあるとホルクハイマー／アドルノは指摘する。「人間は労働と技術によって、「人間の外部の自然や他の人間たちを支配」しようとしたが、それは反面においては、人間の内部の自然を否定するという結果をもたらした。

「文明化を推し進めるあらゆる合理性の核心たる、この自然の否定こそ、増殖する神話的非合理性の細胞をなしているものであって、つまり人間の内なる自然を否定することによって、外なる自然を支配するという目的ばかりか、自らの生の目的すら混乱し、見通せなくなってしまう。人間が自分自身を自然としてもはや意識しなくなる瞬間に、人間がそのために生きていくすべての目的、社会の進歩、あらゆる物質的・精神的な力の向上、さらに意識そのものさえ、すべての価値を失ってしまう」[42]のである。

著者たちは、これはたんに近代技術のもたらした帰結であるよりも、神話の呪術的な力に依拠することをやめて、自然にたいして労働によって働きかけるという合理性の精神そのものの核に潜んでいた欠陥であると考える。これは手段を目的としてしまうことであり、「資本主義の後期においては公然たる狂気の性格を帯びて現れるが、すでに主体性の原史のうちに認められ」[43]ており、文明の開始と同じくらいに古いものだという。これは労働をヘーゲルのように人間が自分の理性を外化して自己を実現する営みとしてではなく、自己のうちの自然を破壊する営みであるとみなしたニーチェの思想を受け継いだものであるが、このままではあまりに禁欲的な考えであり、そこからはこの隘路を抜け出すための道筋はまったく見えてこないのである。

第5節 生産至上主義の限界

生産の鏡

テーラー・システムとフォーディズム以降、労働の問題が各国の社会の発展を左右する重要な要素として登場するようになるとともに、現代的な労働についての新たな視点から批判が行われるようになってきた。こうした視点からの批判については次の章で紹介したいが、ここではハイデガーやホルクハイマー／アドルノの労働論につながる批判を展開したフランスの思想家**ジャン・ボードリヤール**（一九二九〜二〇〇七）の労働論を紹介しておこう。ボードリヤールは、労働によって人間が類的な存在になるというヘーゲルからマルクスにいたる労働論の背後に、伝統的な西洋の形而上学、とくにキリスト教的な自然理解が控えていることを指摘した。この考え方では、人間は神によって自然を支配することを認められたと想定している。「神は人間をおのれの姿に似せて作り、自然を人間の役に立つように作った。魂は精神的な蝶番であって、それによって人間は神に似たものになり、他の自然［および自分自身の身体］から区別される。〈特にその西欧的なかたちでのキリスト教は、歴史上最も人間的な宗教である。キリスト教は、単に古代の異教、東方の諸宗教と絶対的に対立して人間と自然の二元論を設定するだけでなく、人間が自分の目的のために自然を開発するのが神の意志であることを確認する〉」のである。[44]

この考え方では、神の似姿である人間は、神の意志を体現して、自然を支配することを委ねられ、そのような支配を許されたのだと考える。そして実際にはこの自然を支配するためには、労働することが必要になる。労働しながら人間は対象である自然に働きかけ、それを支配し、加工して自分のものとするのである。労働の理論は伝統的に、「人間と自然の分離、自然に対する人間の支配を基礎とするキリスト教的な合理性や自由」[45]の概念に依拠しているのである。それは「西欧のすべての形而上学が映っている生産という鏡」[46]だという。

さらにボードリヤールは、労働という営みは経済のシステムのうちに埋没することだと考える。経済のシステムと理論は、「労働力を基本的な人間の可能性とみなす考え方そのものを生産する」[47]からである。マルクスは労働が自然に働きかけることで、「人間の目的に合わせて自然を変形する」[48]ものだと考えたが、それは経済学がまさに目指していることでもある。

アダム・スミスにおいてもマルクスにおいても、労働という活動において人間は自然を人間的なものとし、同時に自分を自然の一部にすると考えられている。このようにこれまで経済学においてもマルクス主義においても、労働によって「人間の自然化と自然の人間化」[49]が実現するとされてきたことに、ボードリヤールは注目し、この労働と自然の弁証法的な関係のうちにとどまるかぎり、人間の自由は実現されないと考える。人間の自由はこの労働の弁証法と「価値のテロリズム」[50]の組み合わせから手を切った遊戯と浪費と蕩尽のうちに、「象徴的な浪費」のうちに実現されると考えるのである。

イヴァン・イリイチ

Ivan Illich

1926-2002

オーストリアの外交官の家に生まれる。イタリア、ドイツで学んだのち、ラテンアメリカで司祭として活動するもバチカンと対立し、司祭の資格を放棄。以後、「脱学校」「ヴァーナキュラー」「シャドウワーク」など、人間の自律・自立の観点から近代文明の技術と制度を批判する言説を多く発表した。

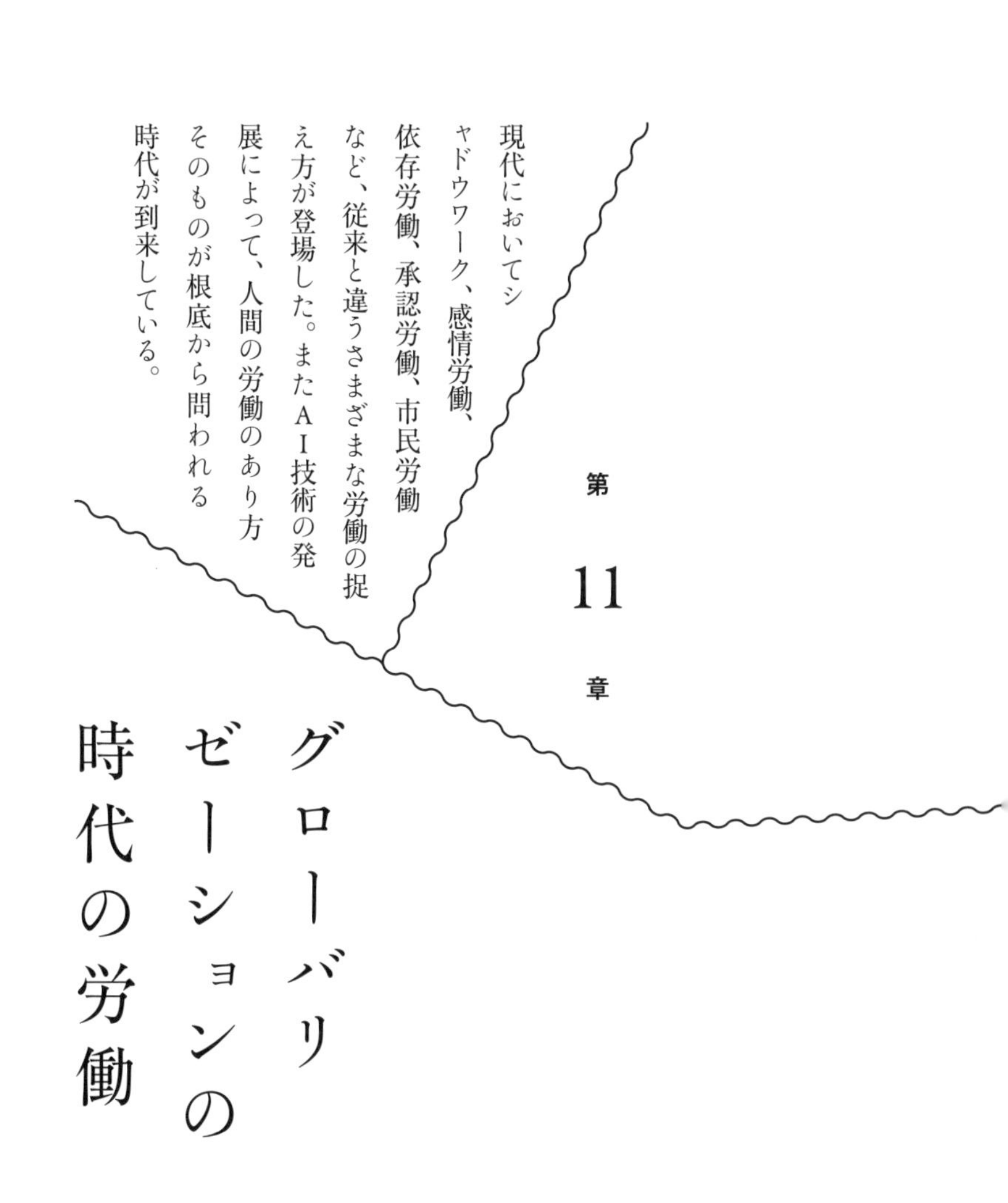

第11章

グローバリゼーションの時代の労働

現代においてシャドウワーク、感情労働、依存労働、承認労働、市民労働など、従来と違うさまざまな労働の捉え方が登場した。またＡＩ技術の発展によって、人間の労働のあり方そのものが根底から問われる時代が到来している。

クラウディア・フォン・ヴェルホーフ Claudia Von Werlhof 1943-
ドイツの社会学者。ドイツ連邦共和国のフェミニズム研究に草創期から携わり、1976年暴力を受けた女性のための「女性の家」設立など精力的に活動。エコロジー運動の概念を併せもつ「エコフェミニズム」提唱者のひとり。

アーリー・ラッセル・ホックシールド Arlie Russell Hochschild 1940-
アメリカの社会学者。フェミニスト社会学の第一人者としてジェンダー、家庭生活、ケア労働をめぐる諸問題に光を当てる。早くから感情の社会性に着目し、1983年『管理する心』を発表、感情社会学という分野を切り拓く。

コンスタンチン・スタニスラフスキー Konstantin Stanislavski 1863-1938
ロシア・ソ連の俳優で演出家。ロシア演劇の代表的人物の一人。自身の体験をもとに内面の真実を追求した「役を生きる」俳優術を考案、スタニスラフスキー・システムと呼ばれ、世界の演劇に多大な影響を与えた。

アントニオ・ネグリ Antonio Negri 1933-2023
イタリアの哲学者、政治活動家。1979年テロを主導した嫌疑で逮捕・投獄され83年フランス亡命。97年帰国し収監、2003年釈放。マイケル・ハートとの共著『〈帝国〉』でグローバル化による世界秩序の形態を〈帝国〉と捉えた。

マイケル・ハート Michael Hardt 1960-
アメリカ合衆国の哲学者、比較文学者。ワシントン大学で比較文学の博士号を取得後、パリ第8大学で当時フランス亡命中だったアントニオ・ネグリに師事。師ネグリとの共著が多く、特に『〈帝国〉』で知られる。

エヴァ・フェダー・キテイ Eva Feder Kittay 1946-
アメリカの哲学者。専門はフェミニスト哲学、倫理学、社会学、政治思想。障害者の娘を育てる自身の経験から、子育てや介護など、主に女性が担ってきたケア労働に光を当て、正義と平等の価値を考察した。

デヴィッド・グレーバー David Graeber 1961-2020
アメリカの人類学者、アナキスト、アクティヴィスト。著書に『負債論』『官僚制のユートピア』『ブルシット・ジョブ』などがある。2011年、反・格差の抗議運動「ウォール街を占拠せよ」では指導的な役割をはたした。

第1節 シャドウワーク

賃金の支払われない二種類の労働

最後に、現代のグローバリゼーションの時代の労働について多様に展開されている議論を検討してみよう。まずこれまでの労働論ではとくに検討されていなかった家事労働について考えてみよう。労働が生産の観点から眺められるかぎり、労働活動を支えるさまざまな営みは、生産性の低い、補助的な活動として貶（おとし）められることになる。それをもっとも象徴的に示すのが、女性の家事という営みだろう。労働者が生産活動に従事するためには、食事をし、休息し、睡眠しなければならない。多くの社会においては労働者を支えるこれらの補助的な活動は、ほぼ女性が担当するものとされていた。そしてこうした活動には、賃金は支払われないのである。

フェミニストたちはかつて、女性の家事労働にも賃金の支払いが行われるべきであることを主張したが、これはある意味では当然の要求だった。「家事労働は、労働力再生産の労働である[1]」のは明らかであり、多くの女性たちは家庭の男たちが「聖なる」労働に従事するために必要な条件を整えるために、自分たちは「聖なる」労働に従事することを諦めるよう、強いられたからだ。だからこの家事労働を強いられた女性たちが、「この労働力を再生産する労働に対して、それを担う個々人への保障をはっきりさせよう[2]」と願うのは当然なことであり、それが認められないのであれば、「無償の再生産労働を担い続ける存在としてあることに叛旗をひるがえす決意をする[3]」のも自然なことだろう。

女性のこうした家事労働は、賃金の支払われない労働として、社会での生産活動が可能となるための条件として前提されているのである。こうした支払いの行われない仕事について「シャドウワーク」という概念で考察したのが、オーストリア生まれの文明批評家**イヴァン・イリイチ**（一九二六〜二〇〇二）である。これは影（シャドウ）の労働（ワーク）なのだ。イリイチは、賃金が支払われない労働には、二種類の労働があることを指摘している。すなわち賃金が支払われる男たちの労働を可能にするための労働、すなわち「賃労働を補う〈シャドウワーク〉[4]」と、こうした賃金労働とシャドウワークの「双方に競合し対立する生活の自立・自存の仕事[5]」である。

この第二の仕事は、ヴァナーキュラーな仕事と呼ばれる。
この「ヴァナーキュラーな」という概念は、もともとは「自国で作りだしたもの」というような意味であり、イリイチは「家で作られたり、家で織られたり、家で育てられたりしたものであって、市場用に定められたものではなく、家庭においてのみ使われるもの[6]」であると語っている。ブロイラーとして育てられている鶏は、市場向けの製品であるが、田舎の庭を駆け回っている鶏は、ヴァナーキュラーな生き物である。

イリイチは女性の家事労働として、資本主義社会におけるシャドウワークとしての家事労働と、資本主義とは異なる要素を残したヴァナーキュラーな家事労働とを対比して示している。現代の資本主義社会に住む主婦は卵焼きを作るのに、「マーケットに出かけて卵を手に入れ、車で家に持ち帰って、七階までエレベーターを利用する。そしてコンロに点火し、冷蔵庫からバターをとり出して、卵を焼く。この場合、彼女は問題の商品に各段階で価値を付加している[7]」ことが多いだろう。彼女がシャドウワークとして行うほとんどすべての営みは、対価の支払いが求められる営みである。ところが彼女のおばあさんなら、「鶏小屋で卵を見つけて、自家製のラードのかたまりからひと切れとると、子供たちが共有地から集めてきた薪に火をつける[8]」だろう。こうしたヴァナーキュラーな「家事」はシャドウワークとは異なるものである。そもそも労働とも言えないもの、遊びに近いものだとイリイチは考える。このようなヴァナーキュラーな社会では、人々の活動には対価の支払いが求められないことが多いのである。

伝統的な社会において息づいているヴァナーキュラーな仕事とは明確に異なるこのシャドウ

ワークという概念が、資本主義の社会とともに新たに登場してきたことには注意が必要である。それまでの時代にも、女性が家庭の仕事をするのは、ごく一般的なことだったが、現代のような「不払い労働」という意味はもっていなかったのである。かつてはこれは女性たちが「生活の自立と自存を日指す[9]」ために従事していたごく自然な活動であった。「女はかつて男たちと並んで、家の全体を、家の住人たちの生活に必要なものをつくり出す環境および手段として、切り盛りしていた[10]」のだった。

ところが資本主義の社会においては商品の生産のための労働だけが、仕事として認められる。「日常、基本的なニーズは、賃労働の生産物によって満たされる。たとえば教育におとらず家をもつことも、分娩におとらず交通もまた、賃労働の生産物である[11]」。この社会では賃金を支払われる労働だけが仕事であり、自立的な活動は無価値なものとみなされる。家庭を維持する女性の活動はかつては家を保つための自立的な活動であったのに、資本主義の社会では女性は「賃金労働者を再生産し、休養させ、賃労働にかりたてる原動力となる役割[12]」に押し込められる。

そしてこうした活動に従事する人々は、あるいはこうした活動に費やされた時間は、生産的でないもの、価値を生まないものと貶められる。イリイチの「シャドウワーク」の定義では、価値を生まないとされた労働は家事労働だけにかぎられない。労働者が労働の準備のために行う活動もまた、賃金が支払われない影の労働である。たとえば「ひたすら昇進を望んで、嫌いな科目の試験のために詰め込み勉強をする夫とか、毎日オフィスに長距離通勤をする男[13]」たちの労働もまた、シャドウワークである。社会的に定められた勤務時間のために、通勤時間は労働者にとっては過酷な時間である。通勤しなければ労働することができないのだから、これは労働そのものではなく労働が可能となるための条件である。仕事場で好条件で働けるようにするための時間外の準備も、資格の取得のための時間外の学習も、労働を可能とする条件としては、賃金が支払われないシャドウワークということになるだろう。

このようなシャドウワークは、資本主義の社会において、生産活動が価値を作りだす活動とみなされたことから生まれたものである。資本主義以前の社会であれば、家族のために買い物をして料理する作業が貶められることはなかっただろう。それは生活を楽しむための重要な営みだったはずである。それに資本主義の社会においても、買い物や料理は、喜びでもありうるものだ。しかしこうした営みは賃労働を成立させるための条件として行われるものであるために、構造的に価値の劣った活動とみなされることになる。

シャドウワーク批判

ただしフェミニズムの側からは、イリイチのシャドウワークの概念に批判が加えられている。それは、シャドウ（影）という言葉がライト（光）という概念の裏返しになっていて、家事労働に否定的な印象が付与されるためである。人間の労働は給与が支払われる賃労働がメインであり、その他の労働はその影のようなものとして扱われていることが問題なのである。ドイツの社会学者でフェミニストの**クラウディア・フォン・ヴェルホーフ**（一九四三〜）は、家事労働がシャドウワークの一部として扱われていることについて、「シャドウワークを理解するためには、まず家事労働が理解されていなければならない」[14]と指摘する。そして「家事労働は質的にシャドウワークと賃労働の両者を凌駕するものである」[15]とまで言う。それはどういうことだろうか。

家事労働は、賃金が支払われない労働である。それは専業主婦が従事する労働であるだけではなく、働いて賃金を受け取っている女性も、仕事の隙間の時間に従事する労働である。夫と子供を食べさせ、掃除や洗濯をして、気持ちのよい家庭生活が送られるようにする。これは大切な仕事である。夫も妻も、こうした家庭生活を送りながら、家庭の外で仕事をして、給与を受け取っているのである。この家事労働は、賃金が支払われていないために「影」の仕事のように思われているが、実際には「光」の仕事である賃労働をそもそも可能にしている仕事である。こうした家事労働が行われなければ、家族はそもそも外で仕事をすることができないだろう。食事をして、安眠することは、人々が仕事をすることのできる条件を作りだすものだ。そしてこの重要な仕事には賃金が支払われないのである。

企業でも、実際の生産に従事しないスタッフの数は意外に多い。生産工場でも、総務の仕事や経理の仕事、清掃から社員の勤務管理にわたるさまざまな仕事があり、こうした仕事に従事する人々の給与も、生産コストに含まれる。しかし生産スタッフと生産に従事しないスタッフを含めて、すべての従業員を毎日働けるようにしているのが家事労働である。この家事労働が生産コストに含められていないということは、企業はその仕事量を無料で受け取っているということである。

これを生産コストに含めたならば、製品の価格は高騰してしまい、市場は縮小し、生産そのものが続行できなくなるだろう。そのことを考えると、製品価格にはこうした家事労働のコストが除外されているからこそ、その商品は販売できるのである。ヴェルホーフは、これは資本の原初的な蓄積に相当するものだと考える。マルクスが語った資本の原初的な蓄積は、歴史的に資本主義の誕生の時期に行われたものだった。しかし家事労働というかたちでの原初的な蓄積は、毎日のように行われているのである。「過去のものでも、現実のものでも、原初的な蓄積を資本主義的な発展の一つの統合された構成要素として把握[16]」すること、すなわち資本主義の生産過程のうちでつねに再生産されつづけているものとして把握することが必要である。

資本主義はこうした家事労働という賃金の支払われない労働を大いに活用している。この家事労働は女性が行うことが多く、それは「女性化された」労働である。男性が行うときに、その男性はいわば女性の立場に立たされたことになる。「いまや資本家たちは賃労働を削減し、家事労働を増やしているのである。もっと正確に言えば、彼らは〈自由な〉賃労働を減らし、むしろ家事労働に似た、〈女性化された〉不自由な労働や支払われる家事労働を、さまざまなかたちで増やしているのである。たとえば〈移民労働者〉の労働、内職、パートタイム、季節労働、請負労働、貸付労働、児童労働、場所/企業/営業に〈縛られた〉労働、[移民や難民の]キャンプ労働、闇の労働、奴隷労働などがそうである[17]」。

このようにしてみると、もはや正規の賃労働よりも、「女性化された」家事労働に似た種類の労働が現代の労働の主流を占めていると言わざるをえないだろう。

第2節 感情労働

感情労働とは

こうした「女性化された」仕事の一つとして、感情労働という特別な種類の労働について考えてみよう。ふつうは労働は、その作業を遂行するのが主として身体であるか精神であるかに応じて、肉体労働と精神労働に分類されることが多い。肉体労働は主として身体を使って遂行される労働であるが、もちろん身体を使うときに、精神もまた共働していなければならないはずだから、純粋な肉体労働というものはないだろう。ごく素朴な肉体労働としては、沖仲仕（おきなかし）のように荷物をある場所から別の場所に運ぶ作業が挙げられることが多い。しかしこうした作業でも、荷物の扱い方、移動する経路の最適化、目的地についての意識など、精神的な働きはどうしても必要とされるだろう。

また精神労働といっても、それが思索や夢想のような個人的な行為ではなく、労働であるかぎりは、他者の指示にしたがって、身体を働かせることが求められる。経理などのように、細かな記憶と配慮の必要な作業は、座って行われる座業であり、典型的な精神労働であろう。しかしペンや帳簿を操作したり、コンピュータのソフトウェアを操作するためには、身体の支えと俊敏さが必要とされる。精神労働もまた肉体労働の要素を含んでいるはずである。

これにたいして感情労働というのは、この分類には含まれない新たな観点から考えられた労働である。対人関係を含む多くの労働は、精神労働と肉体労働のほかに、感情労働が求められる場合が多い。ブティックでセーターを売る販売係は、一日じゅう立って働くという側面では肉体労働であり、相手の顧客に合わせて適切な商品を提案するという側面では精神労働であるが、さらに相手にほほ笑みかけ、客が買い物を楽しめるようにするという側面では感情労働をすることが求められる。スーパーのレジ係など、現場で顧客を相手として販売作業を担う人材は女性であることが多く、こうした人々は感情労働を遂行することもまた求められるのである。

この感情労働という概念を提起したアメリカのフェミニスト社会学者**アーリー・ラッセル・ホックシールド**（一九四〇〜）は、感情労働を「公的な観察可能な表情と身体的表現を作るために行う感情の管理[18]」と定義している。これは労働であるから、代価を必要とするものであり、そのような労働が売られる場面は職業生活においてである。「感情労働は賃金と引き換えに売られ、したがって〈交換価値〉を有する[19]」のである。

ただしこうした感情の管理は、交換価値だけを目指して行われるものではない。わたしたちの誰もがある程度はこうした感情の管理を行って日々を過ごしていると言えるだろう。わたしたちは家庭では家族と暮らし、勤め先では上司や同僚たちと一緒に働いている。そうした生活のうちで、自分の感情をつねにありのままに表現していたのでは、うまくいかないことが多い。夫は妻の気持ちを配慮して、自分の感情を制御するだろうし、妻も夫の気持ちを配慮して、自分の感じたことをそのまま相手に伝えることを控えることが必要となることもあるだろう。会社の同僚に腹を立てても、それを直接に相手にぶつけたのでは、喧嘩になるだけで、仕事が捗らないかもしれない。ある程度は誰もが自分の感情を管理して暮らしている。ただしそれは労働として売るために行うものではない。この作業には交換価値はないが、使用価値はそなえているだろう。

感情労働の要求するもの

こうした感情労働がきわめて強く求められる労働の一例としてホックシールドは、航空機における客室乗務員の例を挙げている。荷物を運搬する肉体労働者は、荷物を運ぶことが仕事の内容のすべてであり、荷物の重さに顔をしかめながら作業していても、文句を言われることはないだろう。経理を担当する精神労働者も、かかわりのある業務の経理の処理をしていればよいのであり、微笑を浮かべながら帳簿をつけることを求められることはないだろう。しかし客室乗務員のような感情労働者の場合には、たんに乗客にサービスするだけで仕事は終わらない。ふたたびその航空会社を利用したいと思わせるように、乗客に満足を与えることが重要な仕事となる。「客室乗務員の場合は、〈サービスを提供するときの感情の様式それ自体がサービスの一部である〉。〈自分の仕事を愛している〉ように見えることが仕事の一部になる」[20]のである。

多くの航空会社の客室乗務員は、たんに客にサービスを提供しただけでは仕事が終わらず、客が満足してリピーターとなるようにすることを会社から求められている。競争と縁のない航空会社では、客室乗務員にとくにそうした感情労働を求めることがなく、客室乗務員は無愛想なままで客にサービスを提供することだけを考えるだろう。実際に国営の航空会社や、独占的なシェアを握る航空会社では、客室乗務員は無愛想なことが多いのだという。

しかし客に満足を与え、リピーターになってもらうことを求められる大手の航空会社では、客室乗務員は多くの作業をする必要がある。客に笑顔で接する必要があり、しかもそれが仕事のために作った笑顔ではなく、「自分の仕事を愛している」客室乗務員らしい笑顔でなければならない。客がどんな苦情を言ったとしても、どんな異例なサービスを求めたとしても、それが許容される範囲のものであるかぎり、それに親身に対応しなければならない。

この感情労働は、ときに客室乗務員にたいして自己犠牲を求めることがある。無理難題を言われれば、誰もがムッとするものだし、自分の感情を表現するのを抑えるのに苦労するだろう。しかし多くの客室乗務員は、たんに感情の表出を抑制するという感情管理を求められるだけではなく、そうしたクレームや無理難題を出す客にも満足を与え、その航空会社が好かれるようにしなければならない。そこに感情労働が求められるのである。

客室乗務員だけではなく、感情労働に従事する人々は、秘書やさまざまな企業のクレーム処理オペレーターなど、多様な職務にわたっている。「この種の労働は精神と感情の協調を要請し、ひいては人格にとって深くかつ必須のものとしてわたしたちが重んじている自己の源泉をもむしばむことが多い[21]」ことも危惧されるのである。

表層演技と深層演技

この労働においては労働者が自分の感情を管理するために採用されている二つの方法として、表層演技と深層演技を挙げることができる。ホックシールドが提案したこの二つの演技の定義によると、表層演技は、他人からどう見えるかということを意識して感情を表現する行為である。客室乗務員が乗客に向ける満面の笑みは、こうした表層演技であることが多いかもしれない。客室乗務員は乗客を暖かく迎え、機内を楽しく過ごせるように努力するという気持ちをこの笑顔で表現している。表層演技は、感情労働に必須の側面である。

多くの職場では、この表層演技だけで感情労働を行うことができるだろう。しかし会社がたんなる表層的な感情労働だけではなく、深層での演技を行うことを求める場合があり、大手の航空会社の客室乗務員はこうした深層演技を求められる、とホックシールドは指摘している。ホックシールドによると、こうした深層演技には二種類のものがある。「一つは感情に直接に命じるもの、もう一つは訓練されたイマジネーションを間接的に利用するもの[22]」である。

第一の方法は、自分が演じている感情を、自分の心の中で実際に感じるように努力するものである。「さあ、楽しく仕事をしましょう」と自分に命じて、ほんとうに仕事が楽しくなるようにする。憂鬱なときに、憂鬱な顔をしていないで、楽しそうにしていれば、やがて憂鬱さはなくなり、実際に楽しく過ごせるかもしれない。そして感情労働は賃金が支払われる仕事であるから、そのように深層演技をするための努力は報われるというものである。

第二の方法は、そのような感情を実際に感じるために想像力を働かせるように訓練しておくというものである。演劇では多くの役者は、たんに表層でその役柄を演じるのではなく、その役柄になりきって演じることが求められる。悲しいときに涙がこぼれるふりをするのでなく、自分のうちで悲しい気持ちをかきたてて、実際に泣いてしまうのが望ましい。怒った表情を作るのではなく、実際に憤慨してそれを表にだすことが望ましい。『俳優修業』を執筆して俳優の心得を詳細に教えたロシアの演出家の**コンスタンチン・スタニスラフスキー**(一八六三〜一九三八)は、自分の心のうちに多数の感情の記憶をためておき、それを利用しながら、その気持ちになりきる方法を教えている。葬式の場面であれば、自分の実際に経験した葬式のときの悲しみや寂しさや困惑などの感情を記憶として、実際に経験を数多く蓄えておいて、そのときの自分の気持ちをありありと想起して、その気持ちを再現し、ふたたび実際に味わうのである。

これが巧みになれば、役の演じ方が改善されるのは明らかであり、この感情労働は高い交換価値を獲得することができるだろう。この方法では、労働者にとって害はそれほど感じられないだろう。しかしこの演技には大きな問題がある。順調に進んでいるときには、問題はないとしても、そのような演技に疑問が生まれることもあるのである。というのも、感情はわたしたちの生活において、重要な役割をはたすものだからだ。

感情の働き

感情というものは、わたしたちが自分の気持ちを自覚する上で重要な機能をはたしている。わたしたちは理性の働きとは別に感情の働きを自覚している。伝統的な哲学では、感情は理性や知性よりも低いランクの働きとされているが、実際にはわたしたちが自分のほんとうの気持ちを知るには、感情に頼るしかないのである。

たとえば楽しみにしていたパーティーの直前になって、何らかの思いがけない事情で、そのパーティーに出席するのがとても苦痛になったとしよう。わたしは自分の感情をごまかして、パーティーで愛想よく、楽しそうに振る舞うことができる。たんに表層演技で他者をごまかすこともできるし、深層演技で自分があたかも楽しいかのように振る舞うこともできる。表層演技の場合には、自分でも「ふりをしている」だけであること、自分がそのパーティーを楽しめないでいることは、自分にとってごまかされていない。しかし深層演技が巧みであり、自分でもそのような気持ちになってしまうと、次第に自分のほんとうの気持ちを否定し、忘却することになってしまう。

　葬式では故人を悼むべきであり、悲しい気持ちを表現すべきである。わたしが心の奥では故人に激しい恨みを抱いていたとしても、人々の期待に応えていかにも悲しそうな演技をすれば、対人関係は円滑になるだろう。わたしは友人を失うようなことはないだろう。しかしわたしが自分の心の奥で感じていた恨みの感情をごまかして自分を欺いたことは明らかである。そして自分のほんとうの気持ちを欺きつづけることは、自己に大きな損傷を与えかねないことなのである。

　感情労働は、深層演技によって、このように自己の感情を否定し、ごまかすことを求めるものである。それは会社が求める利益のために、自分の感情を否定しつづけるということである。「感情労働は、個人がもつ自己に関する意識への挑戦となる[23]」だろう。「人が〈ほんとうの自己〉と感じているものと、その人の内面的なあるいは表面的な演技との間に不一致がある場合には、それは何とかしなければならないものとなる[24]」のである。

　このような分裂が生じると、「公的な自己と私的な自己の一体性を保つことはますます難しく」なり、自己防衛のためには、そうした一体性は引き裂かれることになるだろう。「労働者たちは、つねに誠実であるように維持している自分の笑顔や感情労働が、ほんとうに自分のものなのかどうかと、疑問に思う[25]」ようになるのは避けられないことなのである。

ホックシールドによると、一九七〇年代の統計では働く女性の半数は感情労働の仕事についており、男性でもほぼ四分の一は感情労働に携わっているという[26]。感情労働の仕事では、自分のほんとうの気持ちを知らせる内的なシグナルである感情を、仕事のために偽ることが求められる。これだけの多数の人々が携わる感情労働では、自分の感情を偽り、「内的シグナルを感じないことや、それにたいする感覚を麻痺させることに慣れてしまう[27]」ことが求められるのである。そして「感情へのアクセスを失うとき、わたしたちはじぶんのまわりの物事を解釈するための主要な手段を失ってしまう[28]」ことになりかねない。

ネグリ／ハート『〈帝国〉』における情動労働

かつて評判になった『〈帝国〉』においてイタリアの思想家**アントニオ・ネグリ**（一九三三～）とアメリカの哲学者**マイケル・ハート**（一九六〇～）は、現代の資本主義社会では自動化と機械化が進んで、もともとは肉体労働だった旋盤工の仕事までが抽象労働になったことを指摘しながら、今では労働そのものの質が大きく変貌していることを強調している。そして現代においてとくに重要なサービス部門にみられる「非物質的な労働」には、感情労働を含む次の三種類の労働が含まれることを指摘している。

第一の種類の非物質的な労働は、工業生産における情報科学の活用によって生まれた労働である。自動旋盤の設計から製造にいたるまで、自動化された労働においては人々のコミュニケーションにかかわる情報技術が活用されており、人間が実際に肉体的に働く局面はきわめて少なくなっているのである。第二の種類の非物質的な労働は、「分析的でシンボルを取り扱う作業[29]」であり、この作業は高度の知的な労働と、たんにデータを操作するだけの単純作業に両極化する傾向がある。

何よりも重要なのは、第三の種類の感情労働（エモーショナル・レーバー）であり、ネグリ／ハートはこれを情動にかかわる労働（アフェクティブ・レーバー）と呼んでいる。他者のケアをする労働のような労働は「情動の生産と操作を含むもので、（仮想的または現実的な）人間的接触、身体的様式における労働[30]」である。この労働はこれまで検討してきた感情労働と同じものであり、「人間の接触や相互作用がもたらす情動にかかわる労働[31]」である。そして労働の生産性を向上させるためには、これらの三種類の非物質的な労働、とくにそのうちの情動労働が重要な意味をもつようになっている。「今日では、生産性、富、それに社会的な剰余の創出は、言語的、コミュニケーション的、そして情動的なネットワークをとおして協働的な相互作用の形をとっている[32]」のである。

マルクスの機械制大工業の時代とは違って、現代はこうした非物質的な労働こそが、剰余価値を生み出す重要な役割を担っているのである。ネグリとハートの語るように、「知的労働と同じく、情動の労働の新しい力、新しい地位が、労働力を特徴づけている。知的であり身体的でもあるようなこうした生の生産的諸能力にあたえられた名こそが、生権力[33]」だとすれば、こうした労働は「生権力的な」労働とも呼べるだろう。今やこうした生権力的な知的な能力と情動的な能力こそが、生産の中軸となっているのであり、「情動、知に貫かれた身体、こころの知性、そして純然たる活動の力、いまやこれらによって価値の剰余が生まれる[34]」のである。社会的な変革の運動もまた、こうした情動労働の場を除いて考えることはできない。著者たちはこうした情動労働に変革のための大きな可能性をみいだしているようである。「非物質的労働はある種の自発的で基本的な共産主義のための潜勢力を提供しているようにみえる[35]」とまで考えているのである。

依存労働

こうした感情労働と密接な関係のある労働として、介護や子供の世話のように他者の生活の維持のための労働があり、これは最近では依存労働(レーバー・オブ・ディペンデンシー)として考察されるようになってきた。情動労働は他者の生活そのものにはかかわらない労働であるが、その本質としては依存労働と共通するところのある労働である。依存労働の概念を提示した**エヴァ・フェダー・キテイ**(一九四六〜)は依存労働を、狭義の依存労働と広義の依存労働に分類しており、秘書やウェイトレスなどによる感情労働は本来の依存労働とは分類されない「拡張された意味の依存労働[36]」とみなしており、これは広義の依存労働と呼べるだろう。

ここで依存という言葉は、「自力で生きていくのに必須の、ある種の能力を欠く[37]」という意味で考えられている。この依存には二種類のものがある。一つは幼児や高齢者、身体や精神に障害がある人々が、自律して生活できないために他者の労働に依存するという意味である。母親は子供のためにさまざまなサービスを提供するのであり、そもそもこうしたサービスなしでは子供たちはまともに生育することができない。高齢になると、身体が思うように動かなくなり、他者の援助が必要になる。これはすべての人が経験し、覚悟しておかなければならない依存状態である。さらに精神を病んだ人も、身体を病んだり障害が発生した人も他者のサービスを必要とする。何かの事故に遭遇して目が見えなくなれば、わたしたちは明日から自分で食事をすることもできなくなるのである。このように自律して生きていくことのできない人々に、必要とするサービスを提供するのが狭義の「依存労働[38]」である。依存労働の提供者は依存労働者と呼べるだろう。そしてこのサービスを提供される人物は被保護者と呼べるだろう。

ただし問題となるのは、このようなサービスを提供する人々は、多くの場合、女性であり、しかもこのようなサービスだけで生計を立てることができず、他者に依存しなければならない場合が多いことである。家庭で幼児を育てる母親は、配偶者の収入に依存するようになるだろう。さらにそれだけでは不十分で、働かなければならないことも多いだろう。裕福な女性であれば専門の依存労働者を雇用することができるだろうが、「その場合にゆだねられるのは一般的に貧しく弱い立場の女性でありうる。貧しい女性は賃労働をしながら同時に依存の責任を引き受けており、家庭内の他の女性メンバーの助けに頼ることも多い[39]」ものである。老いた親族を介護する労働も家庭の女性の背に負わされることが多いだろう。

さらにこうした依存労働者がその労働によって生計を立ててゆけるだけの収入を得ることができるとしても、その場合には被保護者が雇用主の地位に就くことになり、力関係で優位に立つことが多く、依存労働者は支配関係のもとにおかれることになる。そして依存労働者はこの仕事に依存するしかなくなり、依存労働者もまた雇用関係に依存するようになるのである。このように依存労働者も何らかのかたちで他者に依存するようになるのであり、これが第二の種類の依存である。

このような依存労働において、依存労働者が被保護者よりも力関係で優位に立つ場合も、劣位に立たされる場合も、複雑な権力関係が生じるのであり、なかなか言葉にしがたいような軋轢(あつれき)が生まれることになる。こうした依存労働には、いくつかの特有の道徳的な難問が避けがたく発生することになる。第一に、被保護者は自律して生きることのできない弱者であることが多く、依存労働者にはその他の労働者とは異なる特有の道徳的な責務が負わされることになる。苦しんでいる人や無力な人を助けたいと思うのは、わたしたち人間にとって固有の道徳的な責務として感じられるものだが、善意で一度かぎりの援助を行うことはそれほど難しくないとしても、それが毎日のことになると、この責務は別の意味をもってくるだろう。「依存労働は、実際の条件のみならず、依存状況にある人をケアするということから生じる道徳的な要請によっても、依存労働者を傷つきやすい状態にする」[40]ことになるだろう。ふつうの道徳関係であれば、それぞれの当事者は相手からの道徳的な要請を拒むことができるだろうか、それが雇用関係や家族関係のもとでは、依存労働者はこうした道徳的な要請を拒めないことが多いのである。

第二に、依存労働者はこのように道徳的に不利な立場に立たされるだけでなく、みずからの欲求を満たそうとする自由を制限されることになる。ケアする相手の欲求を満たすのが仕事であるから、自分の欲求を満たすことには制約が加えられる。多くの依存労働者は、依存労働で十分な報酬を獲得できないことが多く、生計については家族内の他者に依存することになる。子供を養いながらパートに出る主婦は、子供という被保護者のための労働を負わされながら、自分たちの生活を支えている夫には依存せざるをえなくなるのであり、自分の欲望の充足を放棄せざるをえなくなることも多いだろう。しかも建前としては平等の原則が通用している日本のような社会では、すなわち「平等が想定される社会では、依存労働者は被保護者に対しては、彼女に世話がゆだねられているゆえに義務があり、一家の稼ぎ手にたいしては無力であるという環境におかれているために、不利な立場に立たされている」[41]のである。

こうした葛藤は、現代日本の多くの小説やアニメなどでもお馴染みのものだろう。それぞれの当事者ごとに微細に状況は異なるものだから、当事者は自分の難局を解決するために努力するしかないのだが、それでも自分の置かれた立場を相対化して、客観的な見地から再検討するためには、依存労働の本質について考察するのは重要な助けとなるだろう。

なおボランティアは無償を建前とする活動であるために労働とはみなされないが、無償の依存労働と考えれば、本質的には同じものとして考えることができるだろう。

承認労働

すでに考察してきた感情労働や依存労働とはいささか質の異なる労働であるが、労働者を自律した人間として承認する際に生まれる喜びの感情を掻き立てることによって成立する新たな種類の労働が誕生している。これは承認労働と呼ぶことができるだろう。他者による承認を求めたいというのは、わたしたち人間にとっては本質的なものである。これはヘーゲルの労働哲学における相互承認論からも明らかなことである。そもそもわたしたちが人間となることができるためには、わたしたちは子供の頃から両親や家族、友人たちや仲間たちによる承認を必要としているのである。

ただしこの承認欲求が社会的な統合と支配の手段として駆使されてきたことは、よく知られていることだろう。ナチスの時代にも、社会における女性の理想像として母親像が掲げられていたのだった。「数世紀にわたって教会、議会、マスメディアが、〈善き〉母と主婦であることを扇動的に呼びかけたことは、性別役割分業にもっとも適した自己像に女性が囚われつづける原因となった[42]」のだった。そしてこのような女性像は、社会における女性の職業の選択に大きな影響を及ぼす結果をもたらしたのは疑いのないところである。このような政策は、女性がどのような自己を理想とするか、どのような女性として承認されたいと感じるかを決定するものとなりかねなかった。社会による承認は、「承認イデオロギー」として機能することがあるのである。このイデオロギーは、抑圧という外見を伴わずに、人々をしたがわせる大きな力を秘めているのである。

そして現代の労働市場においては、他者による承認を求める感情を刺激し、充足するようなかたちで巧みな労働の調達が行われているように思われる。たとえば最近のドイツでは、企業において従業員を「賃金労働者」と呼ばずに、「労働力経営者[43]」と呼ぶのが流行しているようである。この呼び替えは、「ライン型資本主義」と呼ばれる経営と労働のシステム、すなわち労働者を経営の一部に取り入れて「幅広い〈利害関係者〉の間で権限を分担する取り決めを優先する[44]」システムで採用されることが多い。世界的に次第に広まっていく傾向があると思えるこの呼び替えは、社員に経営者としての自覚をもたせることで、社員の能力をさらに全面的に活用しようとするものである。

社員はもしも自分が経営者の一人であるという視点をもつならば、自分の労働の重要性を認識するようになるだろう。そして経営目標の実現のために、さらに尽力するようになるだろう。自分の労働の質を高めるために、みずから好んで労働時間外に語学の習得などに力を尽くすようになるだろう。そして自分の業務がうまく遂行できないときには、経営者の視点から自己を評価し、自己の責任を痛感するようになるだろう。

しかしこれがたんに呼び替えにすぎず、会社の組織的なバックアップがない場合には、このような自覚は従業員の労働をさらに過酷なものとするだろうし、成果をあげようとしてみずからの発意のもとで行った作業が失敗した際には、本人の罪悪感を自己責任という名目で強めることになるだろう。このような呼び替えは、「大幅に変化した労働の負担を自発的に引き受けようという気にさせる新たな自己関係を喚起するという機能を果たしている[45]」と考えざるをえない。

日本でも、たとえば社員をチェーンストアでの「店長」職という地位に就けることで、労働者の承認欲求を満たし、承認感情を充足させることで、企業の目的を都合よく実現しようとすることが試みられる傾向があることは、ドラマなどでも描かれているとおりである。「社会的地位を認めることは、統一性やアイデンティティの幻想を抱かせるとともに、その地位にふさわしい振舞いの期待に応えようとする気持ちを起こさせる」[46]のであり、企業側はこの幻想を活用しようとするものだからである。自己実現を望む労働者の欲求を巧みに利用した承認労働は、労働者の自発性を刺激するという好ましい側面と同時に、抑圧を強めるという側面もそなえている。

市民労働

現代のドイツではさらに「市民労働」という言葉も流行しているらしい。これは日本では地方通貨と連結して行われることもあるが、有償あるいは無償のボランティア活動と言うべきものである。高齢者の通院のつきそい、スポーツ活動のトレーナー、子供食堂のような安価な定食の供給などの活動を指す。ドイツでは失業者が職をみつけられない際に、一定期間はこうした活動に従事することを求められて、国からある程度の手当が支払われるらしい。この労働においては、会社で雇用される労働者と比較して、労働者の自発性が顕著であるが、「自発的服従の新しい形式の受容へと動機づけられているが、制度的な次元では、それに対応する措置がとられていない」[47]という問題もある。

個人が自分で報酬を決めて行うサービスの提供などもこれに含まれるだろう。日本でもインターネットで時間単位で個人的なサービスを提供する活動が増えているらしい。こうした活動は一方の極ではユーチューバーのように、成功すれば巨額の富を獲得できる可能性もあるが、他方の極では社会のうちで何らかの生きがいをみつけようとする人々の願いが表現されたものにすぎないとみることもできるだろう。

ギグエコノミー

コロナ禍の時代において自宅労働が一般的なものとなるとともに、日本での労働形態にも著しい変動が生じているようである。そうした自宅労働の一種として、個人が単独の労働力として企業と契約するギグエコノミーと呼ばれる労働形態が増えている。ギグ(gig)とは、アーティストが単発で行う仕事やジャズ・セッションを指す言葉として二一世紀に誕生した言葉であり、単発の請負仕事くらいの意味で使われている。

最近増えてきたウーバーイーツの配達員の仕事がその代表と考えることができるだろう。登録するだけで手軽に収入を得ることができる手段として、こうしたジョブは現代の社会ではすでに不可欠なものとしての地位を占めているようである。たしかに大きなコストなしで手軽に始められる仕事であり、会社に雇用される際の手続きや身元保証などが不要であるために、多くの人に好まれる労働システムとなっている。しかし企業と自由な個人との対等な契約とされたこうした形態の労働契約は、仕事を手配し、賃金を決定する会社側にあまりに大きな権限を与えるものとなることも多く、労働者は自分の働く時間を選択できるという自由を確保できたとしても、重いハンディキャップを負わされることになる。

まず労働者は連帯する同僚がいないために会社との交渉の手段を奪われていることが多いだろう。同僚との連帯は、仕事をする上での大きな喜びをもたらす関係でありうるのである。またある程度の収入を確保するためには、仕事のオファーをすぐに受けることができるように、自分の時間を空けておかなければならないだろう。これは家族との関係の構築には大きな障害になりかねない。「その結果、友情関係、愛情関係、そして家族形成においてさえも重大な負担にさらされることになる」[48]。パンデミックののちに普及してきたテレワークにおいても、こうしたギグワーカーにおいても、私的な関係と業務という公的な関係が混同されがちになり、それに応じて、私的な領域と公的な領域の区別があいまいなものとなってしまうだろう。

第3節 ＡＩ時代の労働

ロボットが代替する分野

ＡＩ（人工知能）技術の発達とともに、人間の労働の意味が大きく変わってくる可能性もある。ＡＩと、ＡＩを採用して身体をもつようになったロボット、さらにまだ現実的ではないが、ヒューマノイドが登場するようになると、これまで人間が遂行してきた多くの仕事をこうしたＡＩ装置が代替するようになる可能性がある。外観からは人間と区別のできないアンドロイドは別として、ここではＡＩを実装した人間型の装置としてのロボットで代表させて、新しいＡＩ技術による人間の労働の代替について考えてみよう。

伝統的なロボット技術は、工場の生産ラインにおいて、自動化された作業を遂行する産業ロボットの開発を中心としてきた。最初の産業ロボットは、外界についての情報をもたず、たんに定められた反復作業を遂行するだけの「プレーバックロボット」が主流であった。これはロボットというよりもたんなる反復操作を行うマニピュレータに近いものである。ただしこの単純なロボットにセンサーを取りつけることによって、外界の情報を取得できるようにすると、第二世代の知能をそなえたセンサベースト・ロボットが誕生する。このロボットは「知識データベースを有し、言語もロボット言語を使ってそれによって作業ができ、マニピュレータ制御に関しては動的位置制御が行われるようになった」[49]のである。

しかし今ではもっとも異なる分野でのロボットの利用が注目されるようになっている。新たなロボットの第一の利用分野としては、人間の肉体労働を代替する作業分野が挙げられる。第一世代と第二世代のロボットは、人間が定めた環境、すなわち「構造化された環境」において、定められた作業を遂行するものである。しかし第三世代のロボットとして開発されている「極限作業ロボット」は、未知の環境において定められた課題を遂行できるロボットである。たとえば東日本大震災で崩壊した原子炉の廃炉の作業は、現場での放射能の高さのために、生身の人間では遂行できない。ロボットはこのような場所で人間の代わりに作業できるのであり、こうした分野ではロボットは重要な役割をはたすことができる。将来は地下での放射性廃棄物の処理や、人間では呼吸のできない宇宙のような場所での作業、事故が起きた際の海底での救護作業など、ロボットが活用できる分野は数多く登場してくるものと思われる。空を飛行するドローンは最短距離で荷物を運ぶことができる。すでにアマゾンなどのEコマース業者は配達用のドローンを開発して実験を進めているという。さらにドローンは俯瞰的な映像を撮影することができるだけでなく、橋梁の下部やトンネル内部の壁面など、人間には目や手がとどかない場所を定期的に点検し、修理の必要な場所を示すこともできる。

さらにAI技術が発展してくるとともに、人間がふつうに作業できる現場でもロボットが採用される傾向が増えるだろう。アマゾンなどのインターネット書店では書物や商品を倉庫から集荷して出荷するまでの労働に、ロボットが活用されている。「AI（人工知能）を搭載したフォークリフトで、複数のかごや多数のプラスティック製カートを倉庫の端から端へと牽引できる」[50]という。

また人間の特定の種類の労働を代替するのではなく、人間のさまざまな機能を補足し、拡張するロボットもさまざまなものが考案されている。アニメに登場するガンダムのようなロボットは、人間が内部に入って操作するものであり、人間の能力を巨大な規模で拡張することができるだろう。さらに介護施設では、介護を担当する人物が身体に着用することで、その人の身体機能を拡張することのできる装置が利用されているという。これも一種のロボットと考えることができるだろう。

新たなロボットの第二の利用分野としては、人間の肉体労働を代替するだけではなく、人間の精神労働を代替するＡＩ装置が考えられる。ＡＩが一部の分野では人間を上回る知能を発揮できることは、チェスなどでは人間のチャンピオンを打ち負かすほどの優れた能力をそなえていることからも明らかだろう。無限と言えるほどのデータを検索して蓄積することのできるＡＩシステムは、超人間的な記憶力を発揮することができる。ＩＢＭが開発したＡＩ装置「ワトソン」は、アメリカのテレビのクイズ番組で人間の出場者よりも優れた成績を上げたことで知られている。ディープ・ラーニングで多量のデータを収集したシステムは、とくに人間の判断の手助けをする用途で活用されている。

また多くの銀行のコールセンターではワトソンを導入しており、ワトソンが関連のある回答をオペレータに提示し、回答するための補助をしているという。さらにＩＢＭでは医療における診断にワトソンを利用するシステムを開発しており、脳のスキャン画像などの診断で活用されているという。これらの用途ではＡＩシステムだけではまだ信頼できる判断を下すことができないとしても、ＡＩシステムは人間では見落としていた可能性をみつけだすことができるという。

新たなロボットの第三の活用分野として、人間の感情労働を代替する作業分野が挙げられる。高齢者の養護施設では、入所している高齢者の話し相手となるロボットが愛されているということであり、話し相手となることで、人々の気持ちを明るくしているという。この用途には人間型のロボットだけなく、猫や犬型のロボットも活用できることだろう。

機械が奪う人間の労働

これらの多くのＡＩ装置やロボットの活用事例が示しているのは、こうした新しい技術では人間に代わるさまざまな労働を遂行できるということである。まだ多くのシステムは人間の補助の役割に限定されているようであるが、やがては人間が介入する必要もなくなるだろう。たとえば毎日の株価の変動やスポーツの試合結果の報告など、定型的な文章を作成する仕事では、すでにコンピュータ・システムで人間が執筆したものと区別できないような文章をきわめて短時間のうちに作成することができるという。最近ではＡＩで学生たちよりも巧みにレポートを書いたり、キーワードだけで巧みに絵を描いたりすることもできるようになったらしい。こうしたＡＩは人間からこれまでの仕事を奪うことになりかねない。「あと数年で、あらゆるたぐいの司書や研究者が、小売店員、銀行窓口係、旅行業者、株式仲買人、融資業務員、ヘルプデスクの技術者とともに、失業者の列に加わることになるだろう」[51]という予想もある。

実際に最近ではコンピュータの会計ソフトを使用すれば、それまで経理担当者が負担していた業務を素人でもこなすことができるようになっている。新しい技術が人間に代わって仕事をしてくれて、人間の労働が省かれるようになってきているのはたしかである。人工知能が人間の精神労働を上回る仕事をするようになる、いわゆる「シンギュラリティ」が到来するかどうかは別としても、ＡＩ技術のために将来の人間の労働が奪われるのは確実であろう。人間の将来の雇用について考察したある論文では、「人間の労働は、より複雑な認識や操作を要求する業務においてまだ比較優位を保っている。しかし、漸進的な技術改善を伴って、認識と操作上の業務における人間の労働の比較優位は次第に消えていくに違いない」[52]と述べている。おそらく単純作業から順番に、人工知能が人間の労働を次第に奪うようになるのは確実とみられる。そうなると人間の労働として残されるのは、人間が判断をＡＩに委ねることを嫌うような特殊な業務であるか、人間の判断が定型化することのできない多様な活動を含む業務に限られるようになるだろう。あるいは定型化してコンピュータに判断させるにはコストがかかりすぎる煩瑣な業務、いわゆる「ブルシットジョブ」であろう。

アメリカの人類学者の**デヴィッド・グレーバー**（一九六一〜）によると、自動化のあとに人間に残された煩瑣で非人間的なブルシットジョブには、次の五種類のものがあるという。第一は、実質的な仕事をせずに、顧客や上司の機嫌うかがいのためだけに存在する「取り巻き」のジョブであり、受付係、管理アシスタント、ドアアテンダントなどがある。また他人を脅したり欺いたりする仕事である「脅し屋」のジョブがある。これは「ロビイスト、顧問弁護士、テレマーケティング業者、広報スペシャリストなど、雇用主に代わって他人を傷つけたり欺いたりするために行動する悪党[53]」たちである。あるいは発生した欠陥や故障を改善するのではなく、それを取り繕うだけの「尻ぬぐい」たち。これはバグを手直しするプログラマーや、荷物が紛失した乗客を落ち着かせる航空会社のデスクスタッフなどである。あるいは「組織が実際にはやっていないことを、やっていると主張するために存在している仕事[54]」。これは「書類穴埋め人」

と呼ばれている。最後に「ブルシットジョブ」を作りだすことを仕事とする企業の中間管理職もこうした仕事が存在するために重要である。こうしてみると、たとえＡＩが人間の仕事を奪ったとしても、自動化できない多くの仕事が残るようであり、こうした仕事は本質的に人間の感情にかかわる労働のようである。人間関係にかかわる感情労働は、自動化するのがきわめて困難であり、人間の仕事でありつづけるだろう。これからわたしたちは働きながらＡＩとの新たなつき合い方を習得しなければならなくなるだろう。

最後に

第11章で取り上げた仕事の多くはどれも、ネグリが指摘した「資本のもとへの労働の実質的包摂[1]」の大きな変化を示すものであり、グローバリゼーションの時代の新たな労働のありかたを予感のように示すものである。これからますますわたしたちの労働の意味もあり方も大きく変動していくことになるだろう。

働くことは、わたしたちが社会的な承認を獲得するために重要な方法である。停年になって、もう明日から働かなくていいと言われたら、その日から何をすればよいのか分からなくなって困る人もいるだろう。しかし社会的な承認を獲得するために働くことだけがわたしたちの生き方ではないはずだ。金銭的な報酬を代価とする仕事だけが、仕事ではないだろう。労働の意味が大きく変動する中で、働くことの意味を考えることは大切な作業となるだろう。

これまでわたしたちは本書で、古代のギリシアから現代にいたるまでの労働と仕事についての考え方の歴史を調べてきた。古代のギリシアにおいては、労働や仕事は私的な生活を維持するためのものであり、それは必要不可欠なものではあるが、あるいは必要不可欠なものであるからこそ、人間がその本来の長所を示すべき公的な活動と比較すると、軽蔑されるべきもの、少なくとも活動としての地位が劣ったものとされていた。

この労働という活動の軽視は、西洋の中世を通じて次第に緩和されてきたが、それでも身体を使う労働が辛いものであること、できれば避けたいものであることは間違いのないものだった。そして現代においても、労働の辛さはやはりできればしなくて済めばよいものであることに変わりはない。この労働の辛さを神への道として享受することができるためには、シモーヌ・ヴェーユのような神秘思想を必要とするだろう。

しかし現代に生きるわたしたちも、何らかの意味で働くことを避けることはできない。近代以降の資本主義の社会ほど、「働かざる者、食うべからず」というパウロの言葉があてはまる社会はないだろう。わたしたちは成人して、独立して生計を営むことを目指した時点から、何らかのかたちで社会のうちで働き、身体を使って労働し、給与や報酬というかたちで、経済的な代価を獲得することを求められるのである。

古代のギリシアでは奴隷制のもとで、身体的な労働は奴隷や職人たちに任せておいて、自由な市民はポリスでの公的な活動において、自分の優れた能力を発揮することに、生きることの目的をみいだすことができた。アリストテレスも語るように、人間であることは、「ポリス的な動物であること」であって、ポリスで公的な活動をすることこそが、人間の真価を発揮する道だった。

ところが資本主義の社会では、公的な活動であるはずの政治的な営みすら、報酬を得るための経済的な活動という側面をそなえている。マックス・ウェーバーが喝破したように、「政治を職業として生きる政治家は、純粋な〈謝礼生活者〉か、給与の支払いをうける〈役人〉かのどちらかです[2]」と言わざるをえない。貴族のように労働する必要のない人々だけが政治に携わるのではなく、民衆の中から政治家が登場する必要があるのであれば、政治家は政治という活動で生計の手段を獲得せざるをえないのである。現代ではすべての活動は労働であり、仕事である。

そのことを考えてみれば、労働そのものに価値があるという考え方が、資本主義社会のうちで有力になってきたのも、不思議ではない。アダム・スミスが確立した経済学は、商品の価値が基本的に人間の労働によって生まれることを指摘し、この労働価値説はマルクスによって明確な理論として確立された。しかしマルクスは同時に、高度の資本主義社会では、生産が機械によって組織化され、人間の労働が疎外されていることを明確に示していた。初期の社会主義者たちは、こうした労働の疎外をなくす方法をさまざまに模索し、労働が快楽となる道筋を、「楽しい労働」を実現する道筋を模索したのだった。そして近代の資本主義の社会は、すべての人間が働くことを前提としているだけに、労働が尊いものであるという考え方が好まれた。そして社会主義のうちからも、労働は人間を救うことのできる手段であるという見方も生まれてきたのである。

これにたいして労働にこのような価値を与えることを拒む考え方も生まれてきた。労働批判の視点は大きく分けて三つに分類することができる。第一は、この労働が搾取されたものであり、剰余価値を収奪されざるをえないという現状を批判する視点である。この視点はマルクス主義から生まれたものであり、社会主義的な革命運動では、疎外の極にあり、人間性を完全に奪われたプロレタリアートが革命を起こしてブルジョワジーを打破し、疎外のない労働を実現することが目指された。

しかし現代の高度資本主義の社会では、プロレタリアートの中軸を担うはずの工場労働者は企業別の組合に組織され、パートタイムの労働者や派遣労働者からみると、特権を確保しており、現状を維持することを目指しているとしかみえない。そして世界システムという観点からみれば、先進国のすべての労働者は［そしてすべての消費者は］「辺境」の諸国の労働者からの労働の収奪による恩恵を受けていることは否定できない事実である。そして「中核地域」の国家の圧力を受けた「辺境国家は、比較的低い報酬で働く労働者を利用し、こうした労働者の生存を可能にする世帯構造をつくりだす」[3]ようにせざるをえないのである。

第二の視点は、労働という行為に含まれる人間と自然の関係に注目するものである。ハイデガーは、近代の哲学の開祖であるデカルトにおいて、人間のすべての行動を「制作」という観点から理解しようとする傾向があることを指摘していた。デカルトは対象の存在を、それを人間が表象（フォアシュテレン）すること、すなわち前に置く（フォアシュテレン）ことのうちにみいだした。「存在するものの存在することは、存在するものが、〈直前に立てられていること〉［表象されていること］の中で尋ねられ、みいだされる」[4]のである。近代の人間はこのように自然を自分の目の前に置かれた対象として客体とみなし、それに向き合う自己を主体とみなした。「人間が主体になることによって人間の本質がそもそも変転することが、決定的なことなのである」[5]。

このようにして人間の行為は、主体として客体に働きかけるものとなり、人間の労働は対象である自然に働きかける行為となった。近代的な技術を使った労働は、「徴発の意味において自然を立たせる」[6]のであり、自然は人間の前に立たせるべき対象として、人間の役に立つものとみなされた。人間の労働は、もともとは人間がその一部であった自然を、人間の前に立たせ、徴発し、利用し、浪費すべきものとして活用する作業となったのである。このようにして人間が自然に対立し、自然を自分のために利用する存在となったとき、労働は自然を破壊する行為へとつき進まざるをえなかった。労働はこうして、人間の生きるべき生活圏としての環境を破壊する行為となった。生きるための労働が生そのものを破壊しかねないことに改めて注目が集まった。

第三の視点は、こうした労働が人間の生そのものを破壊する傾向があることに注目するものである。たとえば感情労働は、人間がそもそも自分のうちにもっていた感情の働きを損ね、濫用し、商品化することを本質とするものである。感情労働に従事する人々は、自分の感情の働きを無視し、それに仮面をかぶせ、それを他者のために役立てることを強いられる。それがどれほど人間の感情的な存在を損ねるものであるかは明らかであろう。

かつては労働は人間の活動のごく一部を占めるにすぎなかったが、現代の社会においては、ほとんどすべての活動が労働とみなされるようになるとともに、それまでは労働ではなかった活動もまた、労働としての報酬を要求されるようになる。かつては国家の司法機関の重要な公務であった監獄制度もまた、私的な労働に委ねられるようになっているし、ロシアとウクライナの戦争にみられるように国家の軍隊の活動も、私的な組織で代替されるようになってきた。[7]

また女性が家庭で従事する労働は、かつてはそもそも労働ともみなされていなかったが、この家事労働こそが、プロレタリアが自分の労働力を販売することができるために必須な前提条件となっていたことが明らかになってきた。そして伝統的にこの家事労働に従事していた女性たちが、家事労働に公正な価値を認めることを求める運動を始めたのは、ごく当然のことだった。この要求もまた、現代において労働が人間のすべての活動を覆うようになったことを、その裏面から照らし出すものであろう。そしてAIによって伝統的な仕事の多くが代替され、人間から仕事が奪われたとしても、感情労働の分野ではまだ多くの仕事が人間に残されることだろう。たとえそれが瑣末で耐えがたい「ブルシットジョブ」であらざるをえないとしてもである。

このように現代では労働は、人間の行為の一つの側面であるよりは、人間のほとんどすべての活動のうちにみいだされる営みとなってきた。そしてそれとともに、労働の価値と反価値とが、誰の目にもあらわに示されるようになった。わたしたちは自分の身をもって、この労働のもつ意味を生きなければならないのである。

あとがきに代えて

わたしたちは本書で人間の生活において労働がどのような意味をもっているのかについて、さまざまな哲学者の提示した議論を手掛かりに考察してきた。ここであとがきに代えて、労働と密接な関係にある技術について少し考えてみよう。

第6章で考察したヘーゲルの主人と奴隷の弁証法は、人間の労働と技術との密接な関係について重要なことを教えてくれる。まず人間は自分の精神を道具という外的なもののうちに外化することをヘーゲルは示した。道具は人間が何らかの目的を実現するために必要とする手段であるが、そこには技術として具体化された精神が「物」として現れていることになる。人間は道具に体現された技術のうちに自己をみいだすのであり、技術は人間にとって外的なものではなく、人間自身を示すものである。人間は必要に応じて新たな技術を作りだす存在であり、そのことによって新たな自己を実現していく。わたしたちはたんに労働によって生存を維持するだけではなく、労働という営みのうちに新たな技術と新たな自己を作りだしていくのである。

人間の歴史において三度の技術革命が生じている。第一の技術革命は新石器時代の農業革命であり、これによって人間は豊かな社会と文明を作りだすことができた。第二の技術革命は一八世紀の産業革命であり、これによって人間は生活の便宜を飛躍的に増大させ、やがては宇宙にまで進出する基盤を確立した。人間は新たな技術を開発することによって、ついに月世界に達することもできたのである。第三の技術革命は現在の情報革命であり、これによって人間はアンドロイドのように自己と対等な存在を作りだす可能性を手にした。この革命はやがては人間の生命のもつ限界を突破することを可能にするかもしれない。

ただし労働という観点からは、これらの輝かしい技術革命は重要な問題を引き起こした。第一の農業革命においては、人間は定住して農業を営むようになり、そこから階級的な差別と不平等が生まれた。強力な国家が設立され、農民たちの生活は楽にはならず、労働の成果は国家に吸収され、それが文明の基盤となった。ところが現代でも新石器時代以前の労働の枠から外れないようにして生きている人々もいるのであり、こうした人々は国家を設立することを避けることで、過酷な労働に苦しめられない生活を維持することができているのである。第二の産業革命によって、主に働くのは人間ではなく機械となり、人間は機械に奉仕するような存在になった。人間が機械を使うはずであるのに、機械が人間を使うような事態を生みだしたのである。第三の情報革命によって、人間は機械に使われるだけではなく、機械によって仕事を奪われるようになり、労働による自己実現の可能性を喪失するようになるだろう。この技術革命がわたしたちの労働にどのような影響を及ぼすことになるのかは、まだ明確になっていない。こうした影響はこれからさまざまな新たな装いのもとで現れてくるだろう。わたしたちはこれからこの問題に直面しながら、新しい生き方を模索しつづけなければならなくなるだろう。

本書の刊行にあたっては、平凡社編集部の吉田真美さんと木村企画室の木村隆司さんとにたいへんお世話になった。心からお礼を申し上げる。

中山元

註

＊引用した訳文には、手を加えているために、引用の出典とは文章が異なっていることが多い。引用文中の〈　〉はもとの文章の「　」の代用である。

序として　働くという営みの分類について

[1]ヘーシオドス『仕事と日』松平千秋訳、岩波文庫、一二二ページ。
[2]ヘーシオドス『神統記』広川洋一訳、『ギリシア思想家集』筑摩書房、一〇ページ。
[3][4]ヘーシオドス『仕事と日』前掲書、一四ページ。
[5]ハンナ・アレント『人間の条件』志水速雄訳、ちくま学芸文庫、一二二ページ。
[6]ジョン・ロック『市民政府論』鵜飼信成訳、岩波文庫、第五章、三三ページ。原語では"The labor of our body and the work of our hands"である。
[7]ハンナ・アレント『人間の条件』前掲、五一ページ。
[8]同、一〇九ページ。
[9]クセノフォーン『ソークラテースの思い出』佐々木理訳、岩波文庫、一二二ページ。
[10]アリストテレス『政治学』山本光雄訳、『アリストテレス全集』第一五巻、岩波書店、三六ページ。
[11]ハンナ・アレント『人間の条件』前掲書、五四ページ。
[12]マックス・ウェーバー『職業としての政治／職業としての学問』中山元訳、日経BP社、一五三ページ。

第1章　原初的な人間の労働

[1]田中二郎『ブッシュマン』思索社、六五ページ。
[2]同、六八ページ。
[3]マーシャル・サーリンズ『石器時代の経済学』山内昶訳、法政大学出版局、八二ページ。
[4]同、九八ページ。
[5]アンドレ・ルロワ゠グーラン『身ぶりと言葉』荒木亨訳、ちくま学芸文庫、一六二ページ。
[6]同、一七三ページ。
[7]ルイス・マンフォード『機械の神話』樋口清訳、河出書房新社、一八五ページ。
[8][9]アンドレ・ルロワ゠グーラン『身ぶりと言葉』前掲、一四八ページ。
[10]ジョルジュ・バタイユ『ラスコーの壁画』出口裕弘訳、二見書房、二八ページ。
[11]マンフォード『機械の神話』前掲書、一九二ページ。
[12]同、一五六ページ。
[13]同、一五七ページ。
[14]同、一八九ページ。
[15]同、二三〇ページ。
[16]同、二二六ページ。
[17]同、二三二ページ。
[18][19]同、二二三ページ。
[20][21]同、二三二ページ。
[22]同、二三一〜二三三ページ。

[23]同、二三七ページ。
[24]同、二四四ページ。
[25]同、二四五ページ。
[26]同、二五〇ページ。
[27]同、二四九ページ。
[28][30]同、二五一ページ。
[29]同、二五三ページ。
[31]同、二五六ページ。

第2章　古代の労働観

[1]マックス・ウェーバー『古代農業事情』。邦題『古代社会経済史』増田四郎ほか訳、東洋経済新報社、五七～五八ページ。
[2]ヘーシオドス『仕事と日』松平千秋訳、岩波文庫、八〇ページ。
[3]同、六六ページ。
[4]アリストテレス『ニコマコス倫理学』高田三郎訳、岩波文庫、上巻、二二〇ページ。
[5][8]同、二二六ページ。
[6]同、二三五ページ。
[7]同、二三〇ページ。
[9]R・S・シャルマ『古代インドの歴史』山崎利男・山崎元一訳、山川出版社、一五四ページ。
[10]「創世記」二章五節。なお聖書の翻訳は新共同訳を利用する。
[11]同、二章一五節。
[12]同、二章一八節。
[13]同、二章九節。
[14]同、三章五節。
[15]同、三章一七～一九節。
[16]レヴィ＝ストロース『構造・神話・労働』大橋保夫編、三好郁朗ほか訳、みすず書房、八七ページ。

第3章　中世の労働観

[1][2]D・ノウルズ『修道院』朝倉文市訳、平凡社、二五ページ。
[3]J・M・ファン・ウィンター『騎士』佐藤牧夫・渡部治雄訳、東京書籍、一〇四ページ。
[4]アルルのカエサリウス『修道女のための戒律』。『初期ラテン教父』又野聡子訳、平凡社、一二三二ページ。
[5]同、一二三四ページ。
[6]ヨハネス・カッシアヌス『霊的談話集』市瀬英昭訳、前掲書、一一二〇ページ。
[7]同、一一一七ページ。
[8]ヌルシアのベネディクトゥス『戒律』古田暁訳、『後期ラテン教父』平凡社、三〇八～三〇九ページ。
[9]ルイス・マンフォード『機械の神話』前掲書、三七一ページ。
[10]同、三七五ページ。
[11][12][13][14]同、三七三ページ。
[15]ジャック・ル・ゴフ『もうひとつの中世のために』加納修訳、白水社、一三四～一三五ページ。
[16]同、一三四ページ。
[17]ヌルシアのベネディクトゥス『戒律』。前掲書、二八四ページ。
[18][19]グレゴリウス一世『対話』矢内義顕訳、『後期ラテン教父』、四五八ページ。
[20]同、四五九ページ。

[21]I・ウォーラーステイン『近代世界システムI』川北稔訳、岩波現代選書、二三二ページ。
[22]ル・ゴフ『もうひとつの中世のために』前掲書、一九八ページ。
[23][24]同、一九九ページ。
[25]同、二一〇ページ。
[26]同、一九九ページ。
[27][28]同、一九四ページ。
[29]D・ノウルズ『修道院』前掲書、九六ページ。
[30]同、九八ページ。
[31]マンフォード『機械の神話』前掲書、三八〇ページ。
[32]D・ノウルズ『修道院』前掲書、一〇二ページ。

第4章　宗教改革と労働　近代の労働観の変革(一)

[1]マックス・ウェーバー『儒教と道教』木全徳雄訳、創文社、四〇八ページ。
[2]同、四〇九ページ。
[3]ウェーバー『プロテスタンティズムの倫理と資本主義の精神』中山元訳、日経BP社、一三八ページ。
[4][5]同、一四二ページ。
[6]同、一四八ページ。
[7][8]同、一六〇ページ。
[9]同、二〇六ページ。
[10]同、二〇七ページ。
[11]同、二二二ページ。
[12]同、二三三ページ。
[13]同、二四〇ページ。
[14]同、二四一ページ。
[15]同、二六七ページ。
[16]同、二六六ページ。
[17]同、二七三ページ。
[18]同、二七九〜二八〇ページ。
[19]同、二八〇ページ。
[20]同、四七五ページ。
[21]同、四七六ページ。
[22]同、四五〜四六ページ。
[23][24]同、四一九ページ。
[25]同、四二三ページ。
[26][27]同、二八〇ページ。
[28][29]同、四一三ページ。
[30]ミシェル・フーコー『狂気の歴史』田村俶訳、新潮社、八二ページ。
[31][32]ロベール・カステル『社会問題の変容』前川真行訳、ナカニシヤ出版、七七ページ。
[33]フーコー『狂気の歴史』前掲書、八九ページ。
[34][35]同、九〇ページ。
[36][37]フーコー『監獄の誕生』田村俶訳、新潮社、一四三ページ。
[38][39]同、一四八ページ。
[40]同、一五〇ページ。
[41]同、一五五ページ。
[42][43]同、一五八ページ。
[44]同、一六〇ページ。
[45]同、一八八ページ。

[46]同、一九八ページ。
[47]ミシェル・フーコーは、「ベンサムという人間に、わたしは政治学におけるクリストファー・コロンブスを見る思いがした」と語っている。フーコー「権力をめぐる対話」菅野賢治訳、『ミシェル・フーコー思考集成』第七巻、筑摩書房、四九ページを参照されたい。
[48]同、五九ページ。

第5章　経済学の誕生　近代の労働観の変革（二）

[1]トーマス・マン『重商主義論』堀江英一・河野健二訳、有斐閣、八二ページ。
[2]バーナード・マンデヴィル『蜂の寓話』泉谷治訳、法政大学出版局、八四ページ。
[3]同、三〇二ページ。
[4]マンデヴィル『慈善学校論』。上田辰之助『蜂の寓話』、『上田辰之助著作集4』みすず書房、一六二ページより。
[5]ジャック・チュルゴオ『富に関する省察』永田清訳、岩波文庫、二七ページ。
[6][7]同、二八ページ。
[8][9]フランソワ・ケネー『経済表』増井幸雄・戸田正雄訳、岩波文庫、四五ページ。
[10]同、四六ページ。
[11]木崎喜代治『フランス政治経済学の生成』未来社、一四〇ページ。
[12][13][14]同、一四一ページ。
[15]プラトン『国家』三六九B。『プラトン全集』第一一巻、藤沢令夫訳、岩波書店、一三一ページ。
[16]同、三七一B。前掲書、一三八ページ。
[17]アダム・スミス『国富論』山岡洋一訳、日本経済新聞出版社、上巻、一八ページ（第一編第二章）。
[18]同、一七ページ。
[19]同、二五ページ（第一編第四章）。
[20]同、下巻、三二ページ（第四編第二章）。
[21]同、上巻、三九ページ（第一編第五章）。
[22]同、五三ページ（第一編第六章）。
[23]同、五四ページ（第一編第六章）。
[24]同、五五ページ。
[25][26]同、三三八ページ（第二編第三章）。
[27][28]同、三三九ページ。
[29]同、三四一ページ。
[30]同、三三八ページ。
[31][32]同、三四五ページ。
[33]同、七七ページ（第一編第八章）。
[34]同、八二ページ（同）。
[35]同、八四ページ（同）。
[36]同、八五～八六ページ（同）。
[37][38]同、八七ページ（同）。

第6章　近代哲学における労働

[1]トマス・ホッブズ『リヴァイアサン』第一分冊、水田洋訳、岩波文庫、九八ページ。
[2]同、一六三ページ。
[3]同、二〇三ページ。

[4]同、二〇三～二〇四ページ。
[5]同、二〇四ページ。
[6]ジョン・ロック『市民政府論』鵜飼信成訳、岩波文庫、三一ページ。
[7][8]同、三二ページ。
[9]同、三三ページ。
[10]同、一〇〇ページ。
[11][12][13]デイヴィド・ヒューム『人性論』大槻春彦訳、岩波文庫、第四分冊、五六ページ。
[14][15]同、五七ページ。
[16][17][18]同、六二ページ。
[19]同、六四ページ。
[20][21]ジャン＝ジャック・ルソー『人間不平等起源論』中山元訳、光文社古典新訳文庫、一四三ページ。
[22][23]同、一五四ページ。
[24]イマヌエル・カント「世界市民という視点からみた普遍史の理念」、中山元訳『永遠平和のために／啓蒙とは何か』光文社古典新訳文庫、四二ページ。
[25]同、四三ページ。
[26][27][28][29]カント『判断力批判』第八三節。篠田英雄訳、岩波文庫、下巻、一三六ページ。
[30]同、一三八ページ。
[31]カント「世界市民という視点からみた普遍史の理念」、前掲の『永遠平和のために／啓蒙とは何か』八〇ページ。
[32]カント「教育学」尾渡達雄訳、『カント全集』第一六巻、理想社、五五ページ。
[33][34]同、五六ページ。
[35]同、八〇ページ。
[36]同、七一ページ。
[37]同、七四ページ。
[38]同、三一ページ。
[39]同、三三ページ。
[40]同、三二ページ。
[41]ゲオルグ・ヴィルヘルム・フリードリヒ・ヘーゲル『精神の現象学』上巻、金子武蔵訳、岩波書店、一一七ページ。
[42]同、一七二ページ。
[43]同、一八八ページ。
[44]アレクサンドル・コジェーヴ『ヘーゲル読解入門』上妻精・今野雅方訳、国文社、二四ページ。
[45]ヘーゲル『精神の現象学』上巻、前掲書、一九一ページ。
[46]アンリ・ベルクソン『創造的進化』竹内信夫訳、『ベルクソン全集』第四巻、白水社、一六三ページ。
[47]ヘーゲル『精神の現象学』上巻、前掲書、一九五ページ。
[48]ヘーゲル『イェーナ精神哲学』尼寺義弘訳、晃洋書房、二二ページ。
[49]同、二一～二二ページ。
[50][51]ヘーゲル『精神の現象学』上巻、前掲書、一九六ページ。
[52]コジェーヴ『ヘーゲル読解入門』前掲書、六八ページ。

第7章　マルクスとエンゲルスの労働論

[1][2][3]フリードリヒ・エンゲルス『反デューリング論』大内兵衛・細川嘉六監訳、『マルクス・エンゲルス全集』第二〇巻、大月

書店、三五三ページ。
[4][5]同、四八五ページ。
[6][7][8][9]カール・マルクス『経済学・哲学草稿』『マルクス・コレクションI』村岡晋一訳、筑摩書房、三一七ページ。
[10]カール・マルクス『資本論』第一巻第三篇第五章。中山元訳『資本論』第一巻第二分冊、一四ページ。
[11]同、二六ページ。
[12]マルクス『資本論』第一巻第三篇第八章。前掲書の第二分冊、二五五ページ。
[13]同、二七五ページ。
[14]エンゲルス『イギリスにおける労働者階級の状態』大内兵衛・細川嘉六監訳、『マルクス・エンゲルス全集』第二巻、大月書店、二五五ページ。
[15]同、二五八ページ。
[16]エルンスト・ブロッホ『希望の原理』山下肇ほか訳、第二巻、白水社、一四三ページ。
[17]マルクス『資本論』第一巻第四篇第一三章。前掲書の第三分冊、一七八〜一七九ページ。
[18]マルクス『経済学・哲学草稿』前掲書、三二〇ページ。
[19][20]同、三三三ページ。
[21]同、三二六ページ。
[22]同、三一八ページ。
[23][24]同、三二九ページ。
[25]マルクス「ヘーゲル法哲学批判序説」中山元訳、マルクス『ユダヤ人問題に寄せて/ヘーゲル法哲学批判序説』光文社古典新訳文庫、一九三ページ。
[26]同、一九四ページ。
[27][28]マルクス「コミュニスト宣言」三島憲一・鈴木直訳、『マルクス・コレクションII』筑摩書房、三六一ページ。
[29][30]同、三六五ページ。
[31]同、三六六ページ。
[32]同、三七四ページ。
[33]同、三五三ページ。
[34]マルクス/エンゲルス『ドイツ・イデオロギー』。『マルクス・エンゲルス全集』第三巻、大月書店、三一ページ。
[35]同、六五ページ。
[36]マルクス/エンゲルス『ドイツ・イデオロギー』。『草稿完全復元版　ドイツ・イデオロギー』新日本出版社、渋谷正編訳、一五二ページ。
[37]同、一四六ページ。
[38]同、六四ページ。
[39]マルクス「国際労働者協会創立宣言」。『マルクス・エンゲルス全集』第一六巻、大月書店、九ページ。
[40]マルクス「土地の国有化について」。『マルクス・エンゲルス全集』第一八巻、大月書店、五五ページ。

第8章　労働の喜びの哲学

[1]マルクス「コミュニスト宣言」。前掲書、三四五ページ。
[2][3]同、三四六ページ。
[4][5][6]フリードリヒ・エンゲルス『反デューリング論』大内兵衛・細川嘉六監訳、『マルクス・エンゲルス全集』第二〇巻、大月書店、一八ページ。

[7]エマニュエル＝ジョゼフ・シィエス『第三身分とは何か』稲本洋之助ほか訳、岩波文庫、一一ページ。
[8]同、一二ページ。
[9][10]同、一五ページ。
[11][12]アンリ・ド・サン＝シモン『産業者の教理問答』森博訳、岩波文庫、一〇ページ。
[13]同、一一ページ。
[14][15]同、一五ページ。
[16]同、一三ページ。
[17]同、一一ページ。
[18]同、一六ページ。
[19]同、一八ページ。
[20][21]同、一九ページ。
[22]同、五三ページ。
[23]『オウエン、サン・シモン、フーリエ』世界の名著、第四二巻、中央公論社、坂本慶一による解説、五三ページ。
[24][25]サン＝シモン『産業者の教理問答』前掲書、四五ページ。
[26]同、四六ページ。
[27][28]G・D・H・コール『社会主義思想史』第一巻、四三ページ（G.D.H. Cole, *Socialist Thought, vol. 1, Forerunners, 1789-1850*, Macmillan & Company, p.43）。
[29]アクセル・ホネット『社会主義の理念』。日暮雅夫・三崎和志訳、法政大学出版局、五六ページ。
[30]エンゲルス『反デューリング論』。前掲書、二六九ページ。
[31]ロバート・オーウェン『社会に関する新見解』坂本慶一訳、『オウエン、サン・シモン、フーリエ』前掲書、一二六ページ。
[32]同、一三七ページ。
[33]同、一三六ページ。
[34]同、一七九ページ。
[35]同、一四六ページ。
[36]エルンスト・ブロッホ『希望の原理』山下肇ほか訳、第二巻、白水社、一四五ページ。
[37]オーウェン『現下窮乏原因の一解明』五島茂訳、『オウエン、サン・シモン、フーリエ』前掲書、二〇六ページ。
[38][41]オーウェン『社会制度論』永井義雄訳、同、二四〇ページ。
[39]オーウェン『現下窮乏原因の一解明』五島茂訳、同、二一〇ページ。
[40]オーウェン『社会制度論』前掲書、二三七ページ。
[42]ブロッホ『希望の原理』前掲書、一四四ページ。
[43][44]同、一三八ページ。
[45]オーウェン『社会に関する新見解』前掲書、一五一ページ。
[46]オーウェン『現下窮乏原因の一解明』前掲書、二〇一ページ。
[47][48][49]オーウェン「結婚、宗教、私有財産」田村光三訳、『オウエン、サン・シモン、フーリエ』前掲書、二八九ページ。
[50][51][52]同、二九二ページ。
[53]同、二九〇ページ。
[54][55][56]同、二九二ページ。
[57]オウエン『新社会観』楊井克巳訳、岩波文庫、訳者解説、一六三ページ。
[58][59]エンゲルス『反デューリング論』。前掲書、二七四ページ。
[60]マルクス「国際労働者協会創立宣言」。前掲の『マルクス・エンゲルス全集』第一六巻、九ページ。

[61]フーリエ『産業的協同社会的新世界』田中正人訳、前掲『オウエン、サン・シモン、フーリエ』四七二ページ。
[62][63][64]同、四七八ページ。
[65][66]同、四七九ページ。
[67]同、四九七ページ。
[68][69]同、四八〇ページ。
[70]同、五二二ページ。
[71]ブロッホ『希望の原理』前掲書、一四七ページ。
[72]エンゲルス『反デューリング論』前掲書、二七四ページ。
[73][74]シャルル・フーリエ『産業的協同社会的新世界』前掲書、四八〇ページ。
[75]同、四八四ページ。
[76]同、四九六ページ。
[77][78]同、五〇一ページ。
[79]同、五〇四ページ。
[80]同、五〇五ページ。
[81]同、四九八ページ。
[82]同、四六八ページ。
[83][84]同、四六九ページ。
[85]同、四六五ページ。
[86][87][88][89][90][91]ヨセフ・ディーツゲン「社会民主主義における宗教」、第一説教。The Religion of Social-Democracy Six Sermons (https://www.marxists.org/archive/dietzgen/1870s/religion.htm)。
[92]マルクス「ドイツ労働者党綱領評注」[「ゴータ綱領批判」]。『マルクス・エンゲルス全集』第一九巻、大月書店、一五ページ。
[93]同、一八ページ。
[94]同、二二ページ。
[95][96]アドルフ・ヒトラー『わが闘争』平野一郎・将積茂訳、角川文庫、下巻、八八ページ。
[97]ジャック・ル・ゴフ『もうひとつの中世のために』加納修訳、白水社、一九五ページ。
[98]マックス・シェーラー「労働と世界観」。『マックス・シェーラー著作集』第一〇巻、中村友太郎訳、白水社、一五〇ページ。以下のシェーラーの引用は、同書の一五〇〜一五一ページによる。

第9章　労働の悲惨と怠惰の賛歌

[1]ポール・ラファルグ『怠ける権利』田淵晋也訳、人文書院、一四ページ。
[2]同、一五ページ。
[3]同、三二ページ。
[4]同、六七ページ。
[5]バートランド・ラッセル『怠惰への讃歌』堀秀彦・柿村峻訳、角川文庫、一三ページ。
[6]同、一九ページ。
[7]同、一一五ページ。
[8]同、二三ページ。
[9]シモーヌ・ヴェイユ『労働と人生についての省察』黒木義典・田辺保訳、勁草書房、一九ページ。
[10]同、一三ページ。
[11][13]同、一八〇ページ。
[12]同、一七九ページ。
[14]同、一八〇〜一八一ページ。

[15][16]同、一八一ページ。
[17]同、一四三ページ。
[18]同、一四四ページ。
[19][20]同、一四八ページ。
[21][22]同、一六一ページ。
[23]同、一六〇ページ。
[24]同、一六一ページ。
[25]同、一五八～一五九ページ。
[26][27]ヴェーユ『重力と恩寵』渡辺義愛訳、『シモーヌ・ヴェーユ著作集』第三巻、春秋社、二九六ページ。
[28]同、二九八ページ。
[29]同、五一ページ。
[30][31]ヴェーユ『労働と人生についての省察』前掲書、二二三ページ。
[32]同、二二三～二二四ページ。
[33]同、二二四ページ。
[34]同、二二六ページ。
[35]A・リピエッツ『勇気ある選択』若森章孝訳、藤原書店、二四ページ。
[36]同、二三ページ。
[37][38][39]同、二六ページ。
[40]同、二九ページ。
[41]同、四〇ページ。
[42]同、三八ページ。
[43]同、六九ページ。
[44]同、一〇七ページ。
[45][46]リュック・ボルタンスキー／エヴ・シャペロ『資本主義の新たな精神』上巻、三浦直希ほか訳、ナカニシヤ出版、一三〇ページ。
[47]同、一三一ページ。

第10章　労働論批判のさまざまな観点

[1]フリードリヒ・ニーチェ『善悪の彼岸』中山元訳、光文社古典新訳文庫、一三七ページ。
[2][3]ニーチェ『道徳の系譜学』中山元訳、光文社古典新訳文庫、六〇ページ。
[4]同、七五ページ。
[5]同、四七ページ。
[6][7][8]同、五〇ページ。
[9]ニーチェ『善悪の彼岸』前掲書、三五八ページ。
[10][11]同、三五九ページ。
[12]ニーチェ『道徳の系譜学』前掲書、二三二ページ。
[13]ジークムント・フロイト「文化への不満」。『幻想の未来／文化への不満』中山元訳、光文社古典新訳文庫、一七三～一七四ページ。
[14][15]同、一七三ページ。
[16][17][18][19]同、一五八ページ。
[20]マルティン・ハイデッガー「技術への問い」、『ハイデッガー選集』第一八巻『技術論』小島威彦／アルムブルスター訳、理想社、三〇ページ。
[21][22][23][24]同、三一ページ。
[25]同、三二ページ。
[26][27]同、三五ページ。

[28]同、四九ページ。
[29]ハイデッガー「世界像の時代」、『ハイデッガー全集』第五巻『杣径』茅野良男／ハンス・ブロッカルト訳、創文社、一〇七ページ。
[30]同、一一〇ページ。
[31]同、一一四ページ。
[32]同、九七ページ。
[33]同、一一三ページ。
[34][35]ハイデガー「技術への問い」前掲の『ハイデッガー選集』第一八巻『技術論』、三一ページ。
[36][37]ホルクハイマー／アドルノ『啓蒙の弁証法』徳永恂訳、岩波書店、三ページ。
[38][39]同、五ページ。
[40]同、二三ページ。
[41]同、四六ページ。
[42][43]同、七九ページ。
[44]ジャン・ボードリヤール『生産の鏡』宇波彰・今村仁司訳、法政大学出版局、五〇〜五一ページ。
[45]同、五一ページ。
[46]同、三三ページ。
[47][48]同、一六ページ。
[49]同、一二六ページ。
[50]同、三三一ページ。

第11章　グローバリゼーションの時代の労働

[1]マリアローザ・ダラ・コスタ『家事労働に賃金を』伊田久美子・伊藤公雄訳、インパクト出版会、二〇ページ。
[2][3]同、三七ページ。
[4][5]イヴァン・イリイチ『シャドウ・ワーク』玉野井芳郎・栗原彬訳、岩波書店、四七ページ。
[6]イリイチ『ジェンダー』玉野井芳郎訳、岩波書店、一四四ページ。
[7][8]同、九四ページ。
[9][10][11]イリイチ『シャドウ・ワーク』前掲書、四六ページ。
[12]同、四七ページ。
[13]イリイチ『ジェンダー』前掲書、九九ページ。
[14][15]ドゥーデン／ヴェールホーフ『家事労働と資本主義』丸山真人訳、岩波書店、六二ページ。
[16]同、一六〇ページ。
[17]同、七九ページ。
[18][19]A・R・ホックシールド『管理される心』石川准・室伏亜希訳、世界思想社、七ページ。
[20]同、六ページ。
[21]同、七ページ。
[22]同、四三ページ。
[23][24]同、一五六ページ。
[25]同、一五三ページ。
[26]同、二六四ページ。
[27][28]同、二一五ページ。
[29][30]ネグリ／ハート『〈帝国〉』水嶋一憲ほか訳、以文社、三七八ページ。
[31]同、三七七ページ。
[32]同、三七九ページ。

[33]同、四五六ページ。
[34]同、四五七ページ。
[35]同、三七九ページ。
[36]「この労働がそれらの行為を、少なくとも原理上自分で遂行しうる人々に向けられる場合は、拡張された意味においてのみ依存労働と呼ぶ」。エヴァ・フェダー・キテイ『愛の労働あるいは依存とケアの正義論』岡野八代・牟田和恵訳、白澤社、九六ページ。
[37]同、一〇八ページ。
[38]「わたしは依存者の世話をする仕事を依存労働と呼んでいる」。同、八三ページ。
[39]同、三〇ページ。
[40]同、一二三ページ。
[41]同、一二四ページ。
[42]アクセル・ホネット『私たちのなかの私』日暮雅夫ほか訳、法政大学出版局、一一五ページ。
[43]同、一三六ページ。
[44]トマ・ピケティ『21世紀の資本』山形浩生・守岡桜・森本正史訳、みすず書房、三二四ページ。
[45]アクセル・ホネット『私たちのなかの私』前掲、一三七ページ。
[46]同、一二七ページ。
[47]同、一四一ページ。
[48]同、一六四ページ。
[49]舘暲『ロボット入門——つくる哲学・つかう知恵』ちくま新書、四六ページ。
[50]「ロボットによる倉庫の自動化が加速しても、人間の仕事は〈まだ〉奪われない」(wired.jp>archive>2021/12/09)、二〇二二年五月三〇日にアクセスして確認。
[51]ジェイムズ・バラット『人口知能——人類最悪にして最後の発明』水谷淳訳、ダイヤモンド社、一九七ページ。
[52]「雇用の未来——仕事はコンピュータ化の影響をどれくらい受けるのか?」(Carl Benedict Frey and Michael A.Osborne. https://note.com/astrohiro/n/na0d74a18688c)、二〇二二年五月三〇日にアクセス。
[53][54]ウィキペディアの「ブルシットジョブ」のページ(https://ja.wikipedia.org/wiki/%E3%83%96%E3%83%AB%E3%82%B7%E3%83%83%E3%83%88%E3%82%B8%E3%83%A7%E3%83%96)、二〇二二年五月三〇日にアクセス。

最後に

[1]ネグリ/ハート、『〈帝国〉』水嶋一憲ほか訳、以文社、九一ページ。
[2]マックス・ウェーバー『職業としての政治/職業としての学問』中山元訳、日経BP社、三六ページ。
[3]I・ウォーラーステイン『新版 史的システムとしての資本主義』川北稔訳、岩波書店、三五ページ。
[4]マルティン・ハイデッガー「世界像の時代」、『ハイデッガー全集』第五巻『杣径』、茅野良男/ハンス・ブロッカルト訳、創文社、一〇七ページ。
[5]同、一〇八ページ。
[6]ハイデッガー「技術への問い」、『ハイデッガー選集』第一八巻『技術論』小島威彦/アルムブルスター訳、理想社、三二ページ。
[7]「英国防省は27日、ロシアの民間軍事会社〈ワグネル〉の部隊

が東部の発電所付近などで前進している可能性が高く、ウクライナ軍の一部はこの地域から撤退したとの分析を公表した」(『日本経済新聞』二〇二二年七月二七日付けの記事)という。

労働の思想史

哲学者は
働くことを
どう考えて
きたのか

中山元　なかやま・げん
哲学者・翻訳家。
哲学サイト「ポリロゴス」主宰。
１９４９年、東京生まれ。
東京大学教養学部中退。
著書に『アレント入門』『フロイト入門』
『〈他者〉からはじまる社会哲学』、
訳書にカント『純粋理性批判』、
ハイデガー『存在と時間』、
ルソー『人間不平等起源論』、
ウェーバー『プロテスタンティズムの
倫理と資本主義の精神』など。
ポリロゴス http://polylogos.org/

編集――木村隆司（木村企画室）
イラスト――ＹＡＣＨＩＹＯ ＫＡＴＳＵＹＡＭＡ
デザイン――三木俊一（文京図案室）

２０２３年２月22日　初版第１刷発行
２０２４年６月12日　初版第４刷発行

著者――中山元
発行者――下中美都
発行所――株式会社平凡社
〒１０１-００５１
東京都千代田区神田神保町３-29
電話　０３-３２３０-６５９３（編集）
０３-３２３０-６５７３（営業）
平凡社ホームページ　https://www.heibonsha.co.jp/

印刷・製本――図書印刷株式会社

ISBN 978-4-582-70365-8